创新创业教育

主 编 丁晓亮 孙小恒

北京理工大学出版社
BEIJING INSTITUTE OF TECHNOLOGY PRESS

内 容 简 介

创新创业教育是大学生的必修课程。编写《创新创业教育》教材以新时代大学生创新创业教育领域的领先思想观念为指引，从大学生创新创业指导与训练的实际需求出发，就创新意识与创新思维、创新方法、创新过程、大学生创业、创业机会风险、创业资源的获取与整合、创业团队、商业模式、创业融资、市场营销等方面进行详细阐述，并结合经典案例加以说明，增强大学生的理解和认知。

本教材通过"知识传递、实例解析、技能训练"的设计思路，知行并举，加强创业辅导的实战性和创造指导的落地性，提升大学生创新创业教育的针对性和实效性，旨在为大学生创新创业提供丰富的参考资源，并为广大准备创业的大学生提供行动指南。

图书在版编目（CIP）数据

创新创业教育 / 丁晓亮，孙小恒主编. -- 北京：
北京理工大学出版社，2023.7
ISBN 978-7-5763-2579-9

Ⅰ. ①创… Ⅱ. ①丁… ②孙… Ⅲ. ①大学生–创业
–高等学校–教材 Ⅳ. ①G647.38

中国国家版本馆 CIP 数据核字（2023）第 129065 号

出版发行 / 北京理工大学出版社有限责任公司
社　　址 / 北京市海淀区中关村南大街 5 号
邮　　编 / 100081
电　　话 / （010）68914775（总编室）
　　　　　　（010）82562903（教材售后服务热线）
　　　　　　（010）68944723（其他图书服务热线）
网　　址 / http：//www.bitpress.com.cn
经　　销 / 全国各地新华书店
印　　刷 / 三河市龙大印装有限公司
开　　本 / 787 毫米×1092 毫米　1/16
印　　张 / 11.75　　　　　　　　　　　　责任编辑 / 徐艳君
字　　数 / 242 千字　　　　　　　　　　　文案编辑 / 徐艳君
版　　次 / 2023 年 7 月第 1 版　2023 年 7 月第 1 次印刷　　责任校对 / 周瑞红
定　　价 / 68.00 元　　　　　　　　　　　责任印制 / 李志强

前　言

　　党的二十大把"坚持创新"定为"我国现代化建设全局中的核心地位"，要求"完善科技创新体系""加快实施创新驱动发展战略"并"增强自主创新能力"。要实现上述目标，就要建设强大的创新型人才队伍，坚持科技是第一生产力、人才是第一资源、创新是第一动力，深入实施科教兴国战略、人才强国战略、创新驱动发展战略，开辟发展新领域新赛道，不断塑造发展新动能新优势。

　　建设创新型人才队伍，教育是基础，因此高等职业院校开展创新创业教育责无旁贷。《创新创业教育》一书，正是为了培养开发大学生创新创造及创业能力而编写的一部教材。

　　本书为高等职业教育新形态一体化教材、创新创业在线开放课程配套教材。创新是创业的基石，创业活动中处处体现着创新思维。本书基于创新的思想，以创新型创业人才培养为主线，以提高学生的创新创业素质、促进学生在未来职场取得成功为目标，将党的二十大精神和课程思政理念贯穿全书，从立德树人的角度科学地构建了以认识创新创业、激发创新意识、培养创新思维、掌握创新方法、提高创业素质与能力、洞察创业机会、识别创业风险、整合创业资源、组建创业团队、分析创业环境、设计商业模式、筹集创业资金、拓展营销渠道为主体内容的知识框架，旨在对学生"从0到1"的创新创业项目给予全程指导。

　　本书坚持以培养实用型创新创业人才为编写原则，将案例贯穿全书始终，并基于创新创业项目形成的一般过程，将知识体系以系统化、模块化的形式呈现，每章均设置清晰的学习目标，便于教学活动的组织与实施，突出实践性和实用性。本书内容前瞻系统、易学实用、案例丰富、形式新颖，创业指导深入浅出，使学生能快速掌握基于创新的创业技能,为学生创业打下坚实的基础。

本书配有丰富多元的数字化资源及高质量在线开放课程,课程中制作了大量引人入胜的精美动画、教学视频、案例等在线学习资源,能满足教师开展多场景教学,以及学生进行自主移动学习、泛在学习的需要。本书既可作为高职高专、应用型本科院校创新创业教育通识课程教材,也可作为当今社会青年创业者的参考用书。

由于编者水平有限,书中难免有疏漏和不尽如人意之处,敬请指正。

编　者

目　　录

第一章
创新概述

1. 理解创新的概念和特征；
2. 了解创新的原则；
3. 掌握创新的类型。

第一节　创新的概念

一、创新的定义

（一）从创新理论的发展了解创新

1. 创新的起源和原意

"创新"一词，英文是 Innovation，起源于拉丁语，原意有三层含义：

（1）更新；

（2）创造新的东西；

（3）改变。

从原意来讲，创新是指创造发明新的东西或对旧有事物的更新和改变。例如，电灯、电话等的发明创造，手机、电脑的系统更新、外观造型改变等。

2. 创新理论的提出

创新作为一种理论，形成于 20 世纪 30 年代，由来自奥地利的经济学家约瑟夫·熊彼特提出。在德文版的《经济发展理论》中，熊彼特第一次把"创新"引入经济学领域，用创新理论解释了资本主义的产生和发展。他认为，创新就是企业把生产要素和生产条件的一种从来没有过的新组合引入生产体系中，以获得"企业家利润"。从这个角度，他提出，创新包含以下五个方面的内容：

（1）采用一种新的产品，这种产品可能是消费者不太熟悉的，或者是产品的一种新的性能。

（2）采用一种新的生产方法，也就是在有关制造部门中尚未通过经验检定的方法，比如新的工艺、新的材料引入等。

（3）开辟一个新的销售市场，不管这个市场以前是否存在过，比如某项产品最早只在国内销售，最终开辟了欧洲市场。

（4）获得原材料或半成品的一种新的供应来源。

（5）实行一种新的企业组织形式，比如造成一种垄断地位或打破一种垄断地位。

除此以外，熊彼特的创新理论主要还有以下几个基本观点：

（1）创新是生产过程中产生的。

（2）创新是一种"革命化"变化。

（3）创新同时意味着毁灭。

（4）创新必须能够创造出新的价值。

（5）创新是经济发展的本质规定。

（6）创新的主体是"企业家"。

其中，创新的主体是"企业家"是熊彼特的主要观点，他认为创新是企业的创新，唯有企业家能使新发明得以应用。这一理解是较为狭窄的。

拓展阅读

> 约瑟夫·熊彼特（Joseph Alois Schumpeter，1883年2月8日—1950年1月8日），1901—1906年在维也纳大学攻读法学和社会学，1906年获法学博士学位，是一位有深远影响的美籍奥地利政治经济学家（但他并非一位"奥地利学派"的成员）。其后移居美国，一直任教于哈佛大学。其被誉为"创新理论"的鼻祖，被称为"创新经济学之父"。1912年，他发表了《经济发展理论》一书，提出了"创新"及其在经济发展中的作用，轰动了当时的西方经济学界。《经济发展理论》创立了新的经济发展理论，即经济发展是创新的结果。其代表作有《经济发展理论》《资本主义、社会主义与民主》《经济分析史》等，其中《经济发展理论》是他的成名作。

近年来，熊彼特在中国大陆声名日隆，特别是一谈到"创新"，熊彼特的"五种创新"理念时常被人引用和提及，几乎到了"言创新必称熊彼特"的程度。不仅仅是中国，作为"创新理论"和"商业史研究"的奠基人，熊彼特在西方世界的影响也正在被"重新发现"。据统计，熊彼特提出的"创造性毁灭"，在西方世界的被引用率仅次于亚当·斯密的"看不见的手"。

3. 创新理论的发展

创新理论提出之后，在将近 30 年的时间里，主要作用在经济领域。到了 20 世纪 50 年代，美国管理学大师彼得·德鲁克把创新引进了管理领域，产生了作为管理学专业术语的创新，影响了数代追求创新以及最佳管理实践的学者和企业家们。德鲁克认为，创新就是赋予资源以新的创造财富能力的行为。他在《创新与创业精神》一书中指出："创新是企业家的特定工具。他们利用创新改变现实，作为开创其他不同企业或服务项目的机遇。"

美国经济学家戴维斯和诺斯于 1971 年出版了《制度变迁与美国经济增长》一书，研究了制度变革的原因和过程，并提出了制度创新模型。

20 世纪 70 年代，经济学家卡曼、施瓦茨等人从垄断与竞争的角度，对技术创新的过程进行了研究，提出了最有利于技术创新的市场结构理论。

20 世纪 90 年代，我国把"创新"一词引入科技界，形成了"知识创新""科技创新"等各种各样的提法。

进入 21 世纪，创新已渗入我们社会生活的方方面面，创新理论也还在不断发展，比如理论创新、经营创新、管理创新、方法创新等。

（二）创新的基本含义

总结创新的起源与发展历程以及国内外学者对创新的理解，我们可以得出，创新是指以现有的思维模式提出有别于常规或常人思路的见解为导向，利用现有的知识和物质，在特定的环境中，本着理想化需要或为满足社会需求，而改进或创造新的事物、方法、元素、路径、环境，并获得一定有益效果的行为。

我们可以从以下两个关键要素去理解创新：

1. 创新就是要敢于打破常规，变换思维

案例展示

伊索寓言——穷人讨饭的故事

风雨交加的一天，有一个浑身湿漉漉的穷人到富人家讨饭，仆人打开门一看是乞讨的穷人就开始呵斥他，让他滚开。穷人面对这种情况，没有直接向仆人讨要食物，而是采取了迂回的方式，他祈求仆人让他进屋烤干衣服，仆人认为这不需要花费什么，就把他领进了屋。烤干衣服之后，穷人向厨娘提出借用一口小锅来煮石头汤，这一举动引起了厨娘的好奇心。之后，厨娘把小锅借给了穷人，穷人把从路上捡到的石头洗净，放上水就开始煮石头汤。在煮石头汤的过程中，厨娘按照惯性的煮汤思路，不断地往锅里添加作料，加了盐、豌豆、薄荷、香菜，还加了碎肉末。最后，穷人美美地喝到了一锅肉汤。

案例小贴士：试想，如果穷人在受到呵斥的情况下，仍然向仆人装可怜讨要食物，会得到什么结果呢？肯定是一无所获。因此，伊索寓言在结尾做了总结：坚持下去，方法正确，你就能成功，这就是创新的力量。

2. 创新就是利用已存在的自然资源或社会要素，创造新生事物的人类行为，也可以理解为对旧有的一切所进行的替代和覆盖

案例展示

U 盘的诞生

U 盘是很多人生活与工作中必不可少的小帮手，即插即用的方便特性在这个信息化的时代给予了我们极大的便利。但其实这个小小的 U 盘，是中国在计算机存储领域 20 年来唯一属于中国人自己的原创性发明成果。

U 盘全称 "USB 闪存驱动器"，英文名为 USB flash drive。它是一种使用 USB 接口的无须物理驱动器的微型高容量移动存储产品，通过 USB 接口与计算机相连，实现即插即用。U 盘的称呼最早来源于朗科科技公司生产的一种新型存储设备，名曰 "优盘"，使用 USB 接口与计算机连接，里面的资料可与计算机交换。但是之后生产的类似技术的设备由于朗科公司已进行专利注册，而不能再称为 "优盘"，而改称谐音的 "U 盘"。后来，U 盘这个称呼因其简单易记所以广为人知。

现任深圳市朗科科技有限公司董事长邓国顺，便是 U 盘的主要发明者之一。1993 年，邓国顺硕士毕业后来到新加坡，先后在三家软件公司任职，后来还进入了世界名企飞利浦的亚太地区总部。

1998 年，邓国顺在好几次出差期间发现，他带去的软盘因不小心弄坏了，导致存储的资料无法读取。他当时就在思考，有没有一种全新的产品可以替代软盘？

1999 年，一个非常偶然的机会，他在新加坡认识了湖南老乡成晓华。两人一见如故，谈到了一个共同感兴趣的话题——整台计算机从主版、CPU 到鼠标、键盘都在不断更新换代，唯有软驱却多年不变，始终都是标准配置，能不能抛弃软驱，做一款小巧、稳定且容量比一般软盘大许多倍的移动存储器呢？他们为该想法兴奋不已！

说干就干！邓国顺和成晓华放弃国外诱人的待遇毅然回国，在深圳市罗湖区租了一套房子，在没有任何现成产品可供借鉴的情况下，开始向一个完全陌生的领域进军。经过一年多的摸索，一个名为"优盘"的存储器终于在他们手中诞生了。在第二届中国国际高新技术成果交易会上，邓国顺把一个比钥匙稍大的"优盘"样品挂在脖子上展示时，马上得到了多家公司的青睐。新加坡上市公司 Trek 2000 International Ltd 和他们共同投资 888 万元成立了深圳市朗科科技有限公司。

从读书到创业，邓国顺心无旁骛。他的办公室里挂着一个镜框，上面写着这样一句话："成为移动存储和无线数据通信领域的全球领先者。"这就是他的目标和信念。据朗科提供的数据，2003 年该公司占据了国内 U 盘市场 50% 的份额，销量达 150 多万个，在短短的 3 年内创造了销售 5 亿元的奇迹。邓国顺也因此被 IT 业界誉为"闪存盘之父"。

案例小贴士：U 盘就是邓国顺在软盘的基础上所创造的新生产品，是对旧有软盘的替代和覆盖。

简单来讲，创新就是在发现问题后，利用已存在的自然资源或社会要素，通过突破常规的改进或改造，从而满足一定需求并达到有益效果的行为。

我们可以将创新的关键词归纳为：更新、创造、改变、突破常规、满足需求、达到有益效果。

满足上述所有关键词可被称为创新。

二、创新的原理

创新的原理，又称为创新的原则，是指在开展创新活动时所依据的法则和判断创新构思所凭借的标准，它是对客观反映的众多创新规律的综合归纳。

创新的原则主要体现在以下七个方面：

（一）遵循科学技术原理原则

创新首先必须要遵循科学技术原则，不得有违科学发展规律，历史事实告诉我们，任何违背科学技术原理的创新都是不能获得成功的。

案例展示

从未成功的永动机

历史上不少人有过这样美好的愿望：制造一种不需要动力的机器，它可以源源不断地对外界做功，这样可以无中生有地创造出巨大的财富来。人们把这类机器称为永动机。从 1200 年开始，不断有人提出永动机的各种设计方案，但都无一例外地失败了。为什么会失败呢？因为永动机违背了科学技术原理。

永动机是一类所谓不需外界输入能源、能量或在仅有一个热源的条件下便能够不断运动并且对外做功的机器。不消耗能量而能永远对外做功的机器，它违反了能量守恒定律，称为"第一类永动机"。在没有温度差的情况下，从自然界中的海水或空气中不断吸取热量而使之连续地转变为机械能的机器，它违反了热力学第二定律，称为"第二类永动机"。这两类永动机是违反当前客观科学规律的概念，是不能够被制造出来的。

案例小贴士：任何违背科学技术原理的创新都是不能获得成功的。

（二）市场评价原则

创新是获得一定有益效果的行为，而是否获得有益效果，必须经受市场的严峻考验。创新投入市场后，市场会从创新产品的市场定位、市场特色、市场容量、市场风险、市场寿命等诸多方面对创新成果展开评价，经受不住市场考验不能称之为创新。

案例展示

杜邦公司开发可发姆的失利

杜邦公司是全球最大的化工公司，其产业包括了化纤、医药、石油、汽车制造、煤矿开采、工业化学制品、油漆、炸药、印刷设备、电子、运输、服务业等 1 800 多种，是美国历史上经营和管理最成功的企业之一。

杜邦公司高度重视基础科学研究和产品研制开发，曾推出世界性商品——尼龙材料，后来又推出了一种新型皮革替代材料——可发姆。

可发姆是一种底层是棉网、顶层表皮带孔的双层透气合成革。与皮革相比，可发姆具备了一些真皮所没有的优点，如重量轻、透气性好、易于弯曲、不会走样、耐磨、防水。它还不用擦油,只要用湿布抹一下就能恢复光泽。当然,它也有一个缺点:不像皮革那样具有伸缩性,能够适合脚的大小。

在对可发姆的市场销售前景进行预测时,杜邦公司采用了一项当时最先进的预测手段:用数学构模技术进行风险分析。这个模型中输入的数据包括下面几项:制鞋业和皮革业的历史数据、对经销商和消费者进行可发姆的耐用性和实用价值的市场调查得出的数据、制鞋和化工行业专家的判断。这个数学模型预测:由于可发姆是一种公众从未知晓的高质量产品,因而会产生巨大的需求。模型还预测:到1982年,皮革将严重短缺。那时,大约有30%的鞋将由其他代用材料制作,可发姆作为皮革替代品中性能较为优异的一种,其面临的机会将是显而易见的。

为了实际了解消费者和经销商对可发姆的接受程度,杜邦公司还把1.5万双用可发姆制成的鞋子让消费者在通常情况下试穿。试穿结果,好多人根本没意识到他们穿的不是皮鞋,只有8%的人认为这种面料穿上不舒适,然而,对皮革皮鞋不满意的人也有3%,对另一种皮革代用材料——乙烯塑料不满意的高达24%。三者相较之下,可发姆的前景是令人鼓舞的。在与杜邦公司销售代表打交道的36家制鞋商中,有30家认为可发姆具有均匀性、规则性、加工浪费少、利用率高、能进行机械加工、大大提高生产效率的优点,他们表示愿意购买可发姆。

预测和试穿的成功,使杜邦公司的经理们兴奋异常,他们都在摩拳擦掌,准备大干一场。

一场像尼龙畅销那样的巨大成功似乎将要重现!

1963年10月,可发姆正式在芝加哥全国鞋类展销会上亮相,1964年1月26日,在20个城市的报纸上,第一次同时刊登了有关可发姆的全国性消费广告。接着,在全国广播公司(NBC)的电视里,“杜邦一周”节目专题介绍了可发姆。杜邦公司的营销目标是塑造它的最时髦、高质量、高风格的形象,把高档次皮鞋选作目标市场,直接与皮革竞争。这种策略指导思想,使杜邦只让经过挑选的少数几家颇有名望的零售商负责销售,专门挑选有权威性、发行量大的报纸杂志刊登广告。这一年,公司花在广告上的开支达到200万美元,为了推销可发姆达到了不惜工本的地步。凭借着不错的形象和大量的促销手段,以及制造商和经销商的热情,可发姆的初始阶段一路顺风。1965年,由于大规模的皮革出口,美国市场面临着皮革短缺和皮革价格上涨的情况,于是对可发姆的需求远远超过了杜邦公司的供给能力。这一年,可发姆的销售量达到了1 000万平方英尺①。

_____

① 1平方英尺≈0.092 9平方米。

1966 年形势更加乐观，可发姆的生产量达到约 2 000 万平方英尺。

一切如预料的那样，销售的顺利给杜邦公司带来了巨额利润，全公司上下沉浸在一片欢乐中。为了扩大生产量，赚取更多的利润，公司经理们又忙着扩大生产规模。他们在下令将杜邦公司所有的合成革生产厂都生产可发姆之后，又投资 6 000 多万美元，在田纳西州的旧希科里开办了一家新工厂，专门生产可发姆。

杜邦公司把所有可以利用的财力、物力、人力都投了进去。

然而，可发姆进入市场之时，也意味着激烈竞争和挑战的到来。

当可发姆大批上市后，杜邦公司的主管人员才发现先前对该产品的成本和市场预测都错了。由于可发姆生产工艺复杂，工人操作熟练程度不高，因此在生产过程中出现了大量废品，产品质量难以得到保证。面对这种情况，杜邦公司决策层不改初衷，坚持高质量高风格的经营方针，产品品质稍有不合格，宁可毁掉，也不出售，这样就导致了生产成本居高不下，经营效益不佳。为了转移生产中的高成本，杜邦公司把可发姆材料以高于原来谈定的价格供应给制鞋商，到后来，制作一双皮鞋用的可发姆的价格竟然等同于真皮的价格。这当然引起了制鞋商的不满，他们对可发姆的态度开始变得忽冷忽热起来。

更具威胁的是来自消费者的态度。由于可发姆不像皮革那样具有持久的伸展性，所以尽管它寿命很长，但不少消费者仍抱怨这种鞋子太紧。这简直成了它的致命弱点。可发姆的最大受害者——皮革行业趁机开始全面反击。该行业的同业公会——美国皮革工业联合会（LIA）在可发姆打入市场后，把皮革的广告数量翻了一番，使用的广告语包括诸如"当然，你喜欢用皮革，这也就是它们为什么要被仿制的原因""重要的是，要确保得到您为之付出的等价物"之类。这些话的用意很清楚：皮革行业想把可发姆描绘成皮革的一种廉价替代品。随后，皮革行业研制和大量生产了一种十分柔软的、高档的、像手套用皮一样的皮革，它很适合那时正在流行的便装。皮革的价格开始下降，因而可发姆失去了价格优势。在皮革行业的同心协力下，可发姆鞋的增长势头开始放缓。

对可发姆鞋形成第三个打击的是大量的进口鞋。此时，从国外进口的鞋，尤其是女式鞋，由于它们用料考究、做工精细、款式新颖，加之生产成本很低，卖价比可发姆鞋低，因而进口的鞋子数量日益增多，挤占了相当部分的可发姆鞋市场。

最令杜邦公司经理们感到头痛的是，这时，皮革的另一种替代材料——乙烯基纤维也有了惊人的发展。由于乙烯基材料的外表很像皮革，生产商又能提供各种不同颜色、装饰花样和其他的罩面剂，并且零售价大约只是可发姆的一半，因此成了许多消费者的理想选择。到 1967 年，这种鞋每年能卖到 1 亿多双，而且销售量还在不断增长。像佐治亚-邦迪纤维公司、通用轮胎与橡胶公司、固特异公司、联合碳化物公司和 3M 公司这样的著名企业都进入了乙烯基生产领域，这使可发姆面临越来越多的竞争。

1969 年，杜邦公司可发姆的销售量相比产量和销售量最高的 1968 年差不多下降了 25%。

1971 年 4 月 14 日，在经过 7 年约 1 亿美元的严重亏损后，总经理查尔斯·B. 麦科伊对股东们宣布：杜邦公司准备放弃可发姆。当年 6 月，杜邦公司停止了对可发姆的生产和订货。

案例小贴士：没有经受住市场考验的创新产品终将退出历史舞台。

案例思考：如果你是杜邦公司的管理人员，你认为在可发姆发生市场危机以后，应如何做出改变和决策，才能挽救可发姆的市场失利？

（三）相对较优原则

创新不可盲目追求最优、最佳、最先进，而应从创新技术的先进性、创新经济的合理性、创新的整体效果等方面综合进行比较，最终选择相对更全面或更优秀的创新设想。

（四）机理简单原则

创新只要效果好，机理越简单越好，过于复杂的创新，所付出的代价可能会远远超出合理范围。在创新过程中，可以通过新事物所依据的原理是否有重叠、新事物所拥有的结构是否复杂、新事物所具备的功能是否冗余等方式去检查创新的设想是否符合这一原则。

（五）构思独特原则

独特的、新颖的、有特色的创新构思，往往能够出奇制胜，使创新产品具有竞争力。

（六）不轻易否定原则

这是指在分析评判各种产品创新方案时，应避免轻易做出否定。

（七）不简化比较原则

在分析评判各种创新设想时，还应注意不要随意在两个事物之间进行简单比较。

三、创新的特征

（一）多样性

创新的多样性有三层含义。一是指创新来源的多样性。创新源自多个方面，例如产品研发、意外发现、市场用户对企业的要求等。二是指创新内涵的丰富多样。创新不只是技术创新和产品创新，还包括市场、管理、服务等诸多方面的创新，例如业务流程的创新、商业模式的创新、管理模式的创新、销售模式的创新等，可以说创新无处不在。三是指参与者的多样化。参与创新的有个人，比如自然人的发明创造，像爱迪生发明电灯电话等，也有团队、组织或独立的研究机构。

（二）目的性

创新活动的开展都带有最终的目的性，都是围绕需要解决的问题、需要完成的任务而进行的。例如，开发微信的目的是让人们联络更加方便，发明电灯泡的目的是在夜晚照亮暗处，研发计算机的目的是提高人们的工作效率。

（三）普遍性

创新是每个人都具备的能力，存在于人类活动的所有领域且贯穿人类活动的各个阶段，这就是创新的普遍性。

（四）创造性

创造性也称为变革性。创新意味着改变，而非简单的模仿和再造。创新是解决前人所未能解决的问题，面向未来、研究未来、创造未来，着力对已有事物进行革新，唯有其"新"，才能具有创造优势。

（五）价值性

价值性也称为效益性。创新有明显的、具体的价值，对经济社会具有一定的效益。创新的价值性可以从创新成果带来的社会价值、经济价值和学术价值等方面来判断。一般来说，创新成果满足人类社会需要的程度越高，其价值就越大。

（六）发展性

创新是一个动态发展的过程，任何创新活动都不可能是一成不变、一劳永逸的，而是不断发展和革新的过程。只有不断地改进创新，与时俱进，才能适应时代的发展需求。

（七）风险性

创新的风险性是由创新的不确定性所决定的。这种不确定性通常包括市场的不确定性、技术的不确定性和经济的不确定性等。一般来说，不确定性越大，创新的风险就越高。

■ 第二节 创新的类型

创新的类型繁多，有多种不同的划分方式，可以根据表现形式、创新程度、创新成果自主性来进行划分。

一、按创新的表现形式进行划分

（一）思维创新

创新始于思维，思维创新是创新类型的核心。在生活中我们经常会说"只有想不到，没有做不到"，思维创新的重点在于改变传统的观念模式，建构全新的思维观念，有了全新的想法，才会有实现创新的可能。

案例展示

2017 年，一家名为 MUV Interactive 的以色列可穿戴技术公司，根据创意人的想法推出旗下产品 Bird。Bird 含有 10 个传感器，能够作为远程设备连接 100 英尺①以外的智能手机、平板电脑、台式机，实现人机交互。只要把智能手机、平板电脑、笔记本电脑等的互动显示屏连接到投影仪，Bird 就能通过数字投影，把桌面或者墙面转化成互动触摸屏。另外，该产品还能实现与无人机之间的交互，佩戴"Bird"的用户动动手指，摆摆手臂，无人机就能完成起飞、升空、变化方向、盘旋等一系列操作（图1-1）。

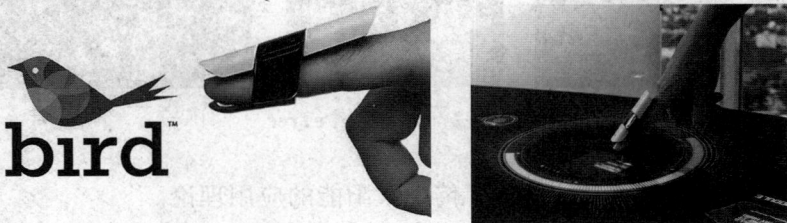

图 1-1 产品 Bird

---

① 1 英尺 ≈ 0.304 8 米。

案例小贴士：Bird 将即时项目推介的思维创意变成了现实。

（二）理论创新

理论创新是指对原有理论体系或框架的新突破，对原有理论和方法的新修正与新发展，对理论禁区和未知领域的新探索以及在原有理论基础上进行的新发明。

案例展示

太阳能树 eTree

夏天到了，出门逛累了需要找棵大树纳凉乘阴？那这棵大树肯定适合你，它既能提供遮阴的地方，又能为你的电子产品（比如手机、平板电脑）充电，还提供免费WiFi。除此之外，它还能为小动物提供喝水的地方，晚上还有照明功能。到底是什么树这么神奇？

答案是：eTree（图 1-2）。

这个项目由一家名为 Sologic 的以色列公司所研发。eTree 由金属树干和树枝组成，树枝为太阳能电池所组成。整棵 eTree 看起来结构清晰，并且造型美观优雅。巨大的方形叶片可以将太阳能转换成电力，供路人给手机充电、上网或在"树荫"下乘凉。除此之外，这棵 eTree 还有一项特别的设计，其太阳能电池板可以在夜间冷凝空气中的水分，这些水将被收集到大树底部的容器中，以供小动物饮用。它还有一个 LCD屏，可以看到产生了多少能量。

图 1-2 太阳能树 eTree

案例小贴士：eTree 的设计创新了传统太阳能的应用理论。

（三）技术创新

技术创新是指技术、工艺的创新，包括开发新技术，对已有技术进行改进、升级或创新运用，工艺变革等。其目的是使产品性能更好、成本更低、使用更便捷。

广角眼镜

通常情况下，人眼只能看到 180 度范围内的物体，因此，很多情况下如果斜后方存在潜在危险，人是无法及时做出反应的。如何在基本不改变眼镜传统结构的前提下，扩大人眼视线的范围呢？针对该问题，耐克公司的设计师设计出了一款新型眼镜。他在普通眼镜的两侧增加了菲涅尔透镜，从而将人眼两侧的视角各扩大了 25 度。新型眼镜可以帮助人们扩展视角，及时发现斜后方潜在的危险，从而提高了出行的安全系数。

案例小贴士：广角眼镜对菲涅尔透镜进行了创新运用，提高了普通眼镜的产品性能，增加了用户体验感和安全性。

（四）管理创新

管理创新是指企业在现有资源的基础上，充分发挥员工的积极性和创造性，用一种新的或更经济的方式来整合企业的资源。具体而言，管理创新不仅体现在岗位设计和工作流程的更新上，还体现在管理思想、管理观念、管理制度、管理机制及管理规范的系统性调整上。

（五）制度创新

制度创新是指在现存制度（比如政治制度、经济制度、公司制度、税收制度等）的基础上，创设新的、更能有效激励人们行为的制度或规范体系来实现社会的持续发展和变革。

（六）文化创新

文化创新是指在继承前人文化遗产精华的基础上，结合新的实践和时代的要求，综合社会发展过程中精神文化生活的需要所进行的文化上的超越和创造。

朕知道了

"朕知道了"是一款胶带纸，但它却成了"台北故宫"经常断货的热销文创产品。它把"康熙皇帝"这四个字的朱批印在胶带上，从而激活了沉埋一个多世纪的清朝奏折，使得本来很普通的胶带纸成为抢手商品（图1-3）。

图1-3 朕知道了

案例小贴士：小成本大收益，不仅体现了文化创意的文化精髓，还体现了文化创意的效益。

（七）服务创新

服务创新是指通过新设想、新技术实现新的服务方式，使潜在消费者感受到不同于以往的消费模式。

案例展示

提供星级服务的海底捞

海底捞是从街边麻辣烫创业起步的。1994年，张勇在四川省简阳市开设了第一家海底捞火锅店。2007年4月，四川省简阳市海底捞餐饮有限责任公司正式成立。目前，海底捞在全国拥有1万余名员工、50家直营分店，连续多年保持快速增长的态势。

海底捞产品并无高科技含量，也极易被模仿，然而消费者却对海底捞情有独钟。深层次、全方位满足顾客潜在的服务需求是其快速发展的根本原因。

餐厅排队等候，原本是一个令人难耐的过程，海底捞却把它变成一种享受。持号码等待就餐的客人可以一边关注屏幕上的座位信息，一边享受免费的水果、饮料、零食，不会饿肚子；如果是一大帮朋友在等待，服务员还会主动送上扑克牌、跳棋之类的桌面游戏供大家打发时间；客人可以趁等候的时间到餐厅上网区浏览网页；还可以享受免费的美甲、擦皮鞋等服务。待客人坐定点餐时，围裙、热毛巾已经一一奉送到眼前。服务员还会细心地为长发的女士递上皮筋和发夹，以免头发垂落到食物里；戴眼镜的客人则会得到擦镜布，以免热气模糊镜片；服务员看到你把手机放在台面上，会不声不响地拿来小塑料袋装好，以防手机沾到油渍，等等。这就是海底捞的粉丝们所享受的"以便宜的价格买到星级的服务"的全过程。

毫无疑问，这样贴身又贴心的超值服务，让人流连忘返。

案例小贴士：海底捞这些富有创意的服务方式，让商家在为消费者创造超额价值的同时也获得了丰厚的回报。

二、按创新的程度进行划分

（一）革命性创新

革命性创新包括：

（1）开拓式创新：即创造历史上不曾出现的、全新的事物，如牛顿的经典物理学、爱因斯坦的相对论、莱特兄弟发明飞机等。

（2）破坏式创新：指破坏性地打破原有规则，推出全新的产品或服务。这一概念由哈佛大学教授克里斯坦森在《创新者的困境》一书中首次正式提出，他认为破坏式创新是通过不连续的变化，可能是技术上的能力来破坏。例如，以计算机为基础的文字处理的发展排除了机械打字创新的需要。

破坏式创新又分为破坏性技术、破坏性产品、破坏性方法和破坏性商业模式。比如，手机取代固定电话、U盘取代软盘、准时生产制取代仓库备货、平台交易模式取代传统的销售模式等。

案例展示

共享单车

共享单车是依托移动互联网、大数据等技术实现租借、营利的新型自行车租赁形式，近年来在中国得到飞速发展和推广。中国共享单车市场已经历了三个发展阶段。2007—2010年为第一阶段，由国外兴起的公共单车模式开始被引进国内，由政府主导分城市管理，多为有桩单车。2010—2014年为第二阶段，专门经营单车市场的企业开始出现，但公共单车仍以有桩单车为主。2014—2018年为第三阶段，随着移动互联网的快速发展，互联网共享单车应运而生，更加便捷的无桩单车开始取代有桩单车。

案例解析:

共享单车的商业模式可以认为是一种破坏性创新。原因是:

(1) 共享单车的初始目标是低端市场或边缘市场。其租金低的优势使更多消费者,尤其是低收入人群得到更多可负担的服务。而其便利性与低价吸引了大量在距离较短的情况下更倾向于步行的消费者,解决了"最后一公里"的问题。

(2) 共享单车在主流市场消费者所重视的属性上不如现有的交通出行方式,例如安全性、舒适性较差,受天气影响较大,没有电动助力需骑行等。但其更简单、便捷、廉价的优势,如价格低廉,"无桩"取车还车的模式,无现金支付方式以及大量投放于校园、地铁口、景区及商圈等人流密集之处等,吸引了大量消费者。

(3) 共享单车不沿着现有的技术轨迹发展。共享单车不同于其他的交通出行方式,在初始阶段并不涉及新技术,只是将原有的一些要素(自行车、移动互联技术、第三方支付软件等)整合为一种全新的组合,为用户提供了之前从未体验过的新属性。

(4) 共享单车所提供的产品或服务的属性不断提升。共享单车在最初进入市场时,车辆多是比较简单低端的自行车,容易损坏且骑行体验一般。但后来在市场竞争中存活的几个主要品牌都逐步进入转化阶段,通过技术手段提升自己的硬件质量与服务水平。例如,提升车辆的骑行性能及安全性,改善车辆报修与处理机制,设置电子栅栏或划定停车区域以解决影响道路规范秩序的问题等。共享单车企业还开始着手对用户使用的大数据进行分析利用,以帮助企业进行市场分析以及推动政府政策法规的制定等。

共享单车通过技术和市场的手段不断提升原本较弱的一些主流属性,同时加强原有的优势属性,占据了交通出行市场的一定份额。它不但颠覆了原来的社会交通结构与经营模式,而且不断推动政府的政策制定以及其他交通运营参与者的改变。因此,从共享单车的发展过程来看,其基本符合破坏性创新的发展轨迹和基本特征,属于破坏性创新。

(二)局部创新

局部创新包括:

(1) 升级式创新:指对产品或服务的升级,比如移动通信从4G到5G的创新。

(2) 差异化创新:创造出与以往不同的事物,比如飞行汽车、无人机等。

（3）组合式创新：指将已有的事物重新组合，形成新的事物，满足新的需求。比如应急指挥车，其中的运输、通信等技术都是已有的，但组合起来可以满足灾害发生情况下的指挥需求。

拓展阅读

综合也是创造！

组合式创新，也可以称为创造性综合，即把表面看起来没有什么联系的东西联系起来，把比较简单的或普通的东西重新结合起来，变成新的复杂而特异的东西，把不同领域的研究成果综合起来，创造新的成果。

创造性综合在日常生活中随处可见。

例如汽车的混合动力系统，包括油电混动、插电式混动等。油电混动，就是在传统燃油车的基础上增加电动机、电池、电控，由电动机与发动机共同驱动车轮。插电式混动，是指车辆装有电机和电池，可以电能驱动行驶一段距离，当电池电量耗尽时，还可以启动内燃机驱动车辆行驶。混合动力系统是对油和电的综合。

再比如混合硬盘。混合硬盘是在传统机械硬盘中，内置固态硬盘的闪存颗粒，将用户经常访问的数据存储到闪存颗粒中，从而极大地提升硬盘的读取性能。混合硬盘是对传统机械硬盘和闪存颗粒的综合。

（4）移植式创新：就是把用在一个领域的技术，移植到另外一个领域，创造出新的产品或模式。例如，亚马逊在网上销售图书取得成功后，将电子商务模式拓展到服装、家电甚至汽车等产品上。

三、按创新成果的自主性进行划分

（一）自主创新

自主创新是指拥有自主知识产权的独特核心技术，并在此基础上实现新产品价值的过程。自主创新的成果一般体现为新的科学发现及拥有自主知识产权的技术、产品等。

技术为王、创新为本的比亚迪

新能源汽车品牌比亚迪拥有自动驾驶控制系统、固态锂电池、电池热管理、指纹对比等技术的相关专利 9 426 件（2021 年 1 月 18 日企查查大数据研究院公布的数据），以自主创新蝉联新能源汽车销冠，真正站在全球汽车大舞台（图1-4）。

图1-4　比亚迪专利墙

（二）模仿创新

模仿创新是指通过模仿而进行的创新活动，主要包括完全模仿创新、模仿后再创新两种模式。随着人们保护知识产权的意识不断增强和专利制度的不断完善，完全模仿创新已经十分困难。大多数情况下，模仿创新是人们在前人已有的创新成果的基础上进行的"模仿"和改进。

要注意的是，模仿创新并非抄袭，而是以已有的创新成果为基础，投入一定研发资源，进行进一步的完善和开发。这种创新适用于研发力量不足、资金不足等情况，相关人员可在有限的资金和技术力量条件下，迅速积累资金和技术能力，从而提高研究与发展水平。

第三节　创新的过程

一、创新过程概述

创新是一个探索未知的过程，主要分为准备阶段、思考阶段、方案阶段和验证阶段，四个阶段的主要特征如表 1-1 所示。

表 1-1 创新过程四个阶段的主要特征

序号	阶段名称	阶段特点
1	准备阶段	这个阶段就是通过调查、观察、分析，发现需要解决的问题。这些问题可以是技术、管理、制度等方面的，可以是一个不起眼的具体问题，也可以是宏观性的问题。问题导向是创新的起点
2	思考阶段	这个阶段分析产生问题的原因。这个过程需要细致观察、逻辑推理、不断检验，直到找出真正的原因
3	方案阶段	这个阶段提出创造性的解决方案。运用技术、经济、人文等理论和方法，提出若干解决方案，从中选出可行的方案。这个过程最漫长，往往会遭遇多次失败
4	验证阶段	这个阶段把创新成果落到实处。这个阶段需要识别关键问题，整合资源，制订计划，让方案成为现实。只有通过验证，才是可信的

二、案例分析

我们通过爱迪生研究电灯的过程来看创新的整个过程。

爱迪生曾翻阅了大量的有关电力照明的书籍，决心制造出价格便宜、经久耐用，而且安全、方便的电灯。他从白热灯着手试验，把一小截耐热的东西装在玻璃泡里，当电流把它烧到白热化的程度时，便由热而发光。他首先想到的是碳，于是就把一小截碳丝装进玻璃泡里，刚一通电碳丝马上就断裂了。

上述阶段为准备阶段。爱迪生通过对有关电力照明书籍的阅读及对白热灯的试验发现问题在于通电后碳丝会马上断裂，那么需要解决的问题是如何使耐热材料不会发生断裂。

"这是什么原因呢？"爱迪生拿起断成两段的碳丝，再看看玻璃泡，过了许久才忽然想起，"噢，也许因为这里面有空气，空气中的氧又帮助碳丝燃烧，致使它马上断掉！"于是他用自己手制的抽气机，尽可能地把玻璃泡里的空气抽掉。一通电，灯果然没有马上灭掉。但 8 分钟后，灯还是灭了。可不管怎么说，爱迪生终于发现：真空状态对白热灯非常重要，关键是碳丝，问题的症结就在这里。

上述阶段为思考阶段。爱迪生通过细致观察和逻辑推理发现解决问题的关键在于"真空状态"和"碳丝的选择"上。

那么应选择什么样的耐热材料呢？爱迪生左思右想，熔点最高，耐热性较强的要算白金了！于是，爱迪生和他的助手们，用白金试了好几次，可这种熔点较高的白金，虽然使电灯发光时间延长了好多，但不时要自动熄灭再自动发光，仍然很不理想。爱迪生并不气馁，继续着自己的试验工作。他先后试用了钡、钛、铟等各种稀有金属，效果都不是很理想。过了一段时间，爱迪生对前面的实验工作做了一个总结，把自己所能想到的各种耐热材料全部写下来，总共有 1 600 种之多。接下来，他与助手们将这 1 600 种耐热材料分门别类地开始试验，可试来试去，还是采用白金最为合适。由于改进了抽气方法，玻璃泡内的真空程度更高，灯的寿命已延长到 2 小时。但这种以白金为材料做成的灯价格太昂贵了，谁愿意花这么多钱去买只能用 2 小时的电灯呢？

实验工作陷入了低谷，爱迪生非常苦恼。一个寒冷的冬天，爱迪生在炉火旁闲坐，看着炽烈的炭火，口中不禁自言自语道："炭，炭……"可用木炭做的炭条已经试过，该怎么办呢？爱迪生感到浑身燥热，顺手把脖子上的围巾扯下，看到这用棉纱织成的围脖，爱迪生脑海中突然萌发了一个念头：对！棉纱的纤维比木材的好，能不能用这种材料？他急忙从围巾上扯下一根棉纱，在炉火上烤了很长时间，棉纱变成了焦焦的炭。他小心地把这根碳丝装进玻璃泡里，经过试验，发现效果果然很好。爱迪生非常高兴，紧接着又制造了很多棉纱做成的碳丝，连续进行了多次试验，灯泡的寿命一下子延长到 13 小时，后来又达到 45 小时。

这个消息一传开，轰动了整个世界。英国伦敦的煤气股票价格随之狂跌，煤气行也出现一片混乱。人们预感到，点燃煤气灯即将成为历史，未来将是电光的时代。大家纷纷向爱迪生祝贺，可爱迪生却无丝毫高兴的样子，摇头说道："不行，还得找其他材料。""怎么，亮了 45 小时还不行？"助手吃惊地问道。"不行！我希望它能亮 1 000 小时，最好是 16 000 小时！"爱迪生答道。

大家知道，亮 1 000 多小时固然很好，可什么材料合适呢？此时爱迪生心中已有数，他根据棉纱的性质，决定从植物纤维这方面去寻找新的材料。于是，马拉松式的试验又开始了。凡是植物方面的材料，只要能找到，爱迪生都做了试验，甚至连马的鬃、人的头发和胡子都拿来当灯丝试验。最后，爱迪生选择了竹这种植物。他在试验之前，先取出一片竹子，用显微镜一看，高兴得跳了起来。于是，把炭化后的竹丝装进玻璃泡，通上电后，这种竹丝灯泡竟连续不断地亮了 1 200 小时！这下，爱迪生终于松了口气，助手们纷纷向他祝贺，可他又认真地说道："世界各地有很多竹子，其结构不尽相同，我们应该认真挑选一下！"助手深深地为爱迪生精益求精的科学态度所感动，纷纷自告奋勇到各地去考察。经过比较，在日本出产的一种竹子最为合适，便大量从日本进口这种竹子。与此同时，爱迪生又开设电厂，架设电线。过了不久，美国人便用上了这种价廉物美、经久耐用的竹丝灯泡。

竹丝灯一直沿用了很久，但爱迪生却并未停下脚步。1906 年，爱迪生改用钨丝来做，使灯泡的质量又得到了提高，这便是使用至今的灯泡。当人们点亮电灯时，每每会想到这位伟大的发明家，是他给黑暗带来无穷无尽的光明。1979 年，美国花费了几百万美元，举行长达一年之久的纪念活动，来纪念爱迪生发明电灯 100 周年。

上述阶段是爱迪生不断思考—给出方案—进行验证的过程，即思考阶段、方案阶段、验证阶段的不断循环，最终找到能够彻底解决问题的方案，让方案通过验证，成为现实。

案例讨论

孙正义与翻译机的故事

20 世纪 70 年代末期，孙正义还在美国上大学的时候，就坚持阅读各种流行期刊捕捉信息，经常冥思苦想伟大的发明。

当时的日本正处于经济高速发展阶段，一派欣欣向荣的景象，日本人经常出国，也有很多外国人去日本，语言不通成为阻碍人们交流的大问题。70 年代初，英国人辛克莱发明的可以放在口袋里的电子计算器风靡一时，于是孙正义就想：能不能发明一种个人使用的翻译机，将英语和日语进行互译？

孙正义读的是经济学专业，根本不懂翻译和电子技术，于是孙正义首先找到大学里最优秀的教授，把自己的想法告诉了他。为了便于使用，孙正义提出翻译机要具备文字显示和语音功能。经过一段时间的研发，教授把孙正义的想法变成了现实，做出了样机，并且申请了专利。

孙正义找到夏普公司的总裁，说自己发明了翻译机，如果夏普投资生产，就可以成为世界上第一家生产翻译机的公司，不过夏普需要支付 100 万美元的专利费。100 万美元在当时算是一笔巨款，但对于夏普这样的大公司并不是问题，成为世界第一的机会更具诱惑力。于是，世界上第一台语音翻译机诞生了！

讨论：

1. 翻译机的诞生属于哪种创新类型？
2. 谈一谈这个案例给你的启发。

第二章
创新意识与创新思维

1. 理解创新意识和创新思维的概念；
2. 掌握创新意识和创新思维的分类；
3. 掌握创新意识和创新思维的培养方法。

■ 第一节　创新意识

一、创新意识的概念

创新意识是人类意识活动中一种积极的、富有成果性的表现形式，它是人们进行创造活动的出发点和内在动力，具体是指人们根据社会和个体生活的发展需求，产生创造前所未有的事物或观念的动机，以及在创造活动中表现出的意向、愿望和设想。创新意识是形成创造性思维和创造力的前提，其基本构成要素包括创造动机、创造兴趣、创造情感和创造意志四种。

（1）创造动机是创造活动的动力因素，它能推动和激励人们进行并维持创造性活动。

（2）创造兴趣是促使人们积极追求新奇事物的一种心理倾向，它能促进创造活动的成功。

（3）创造情感是引起、推进乃至完成创造的心理因素。创造情感也能够促进创造活动的成功。

（4）创造意志是在创造中克服困难、冲破阻碍的心理因素。创造意志具有目的性、自制性和顽强性。

案例展示

故事的主人翁是浙江传化集团徐传化。传化集团的前身是生产液体皂的工厂。20世纪80年代末，浙江一带兴起了不少纺织印染厂，虽然生意红火，但存在一个问题：印染坯布上的油污很难去除，只能靠人工手洗，费时费力还损及布料。有一次，徐传化去一家纺织厂拜访客户，他发现由于设备落后，布织出来以后很脏，上面都是油污，女工用手搓、用竹片刮，忙得浑身是汗，但还是很难去掉油污。徐传化认识到这个问题在纺织厂中普遍存在，他开始思考：如果生产一种去油污的洗涤剂，还怕没有生意吗？于是他决定生产洗涤剂。按照配方，工厂生产出来的洗涤剂效果不错，但是黏稠度不够，不能彻底消除织物上的油污。他叮嘱儿子徐冠巨，一定要做出把布清洗干净的洗涤剂。最终徐传化掌握了洗涤剂的调配方法，开始大批量生产洗涤剂，产品一出来，销售就翻了一番。

案例小贴士：在上述材料中，徐传化之所以成功，主要是因为他的创新意识。他能够主动思考如何解决油污问题，并有生产洗涤剂的强烈意向，最终掌握了洗涤剂的配方。

二、创新意识的类型

创新意识以思想活跃，不因循守旧，富于批判性和创造性，敢于独树一帜为主要表现。只有在强烈的创新意识的鼓舞和推动下，投入常人难以想象的精力和热情，才能取得丰硕的成果。

根据创新意识的基本特征和表现形式，可以将创新意识分为求新求异意识、求真务实意识、求变意识和问题意识四种类型。

（一）求新求异意识

创新意识具有新颖性和差异性的基本特征，因此，求新求异意识是创新意识的主要类型。敢于别出心裁、追求新颖奇特是创新活动的前提和内在动力。

求新求异意识要求人们敢于突破常规，换个角度思考问题。遇到问题时，即便有很简单的解决办法，我们也可以尝试换个角度进行思考。但在现实生活中，具有求新求异意识比较困难，因为我们不仅要克服自身的心理压力，还要面对别人异样的眼光，所以很多时候人们会选择从众。

（二）求真务实意识

创新意识是一种求真务实意识，不应当一味地偏激和单纯地标新立异。不能认为所有标新立异或与众不同的东西就是创新，而应该脚踏实地，切忌随心所欲。永动机这样有"创意"的设想，直至今日都没有成功，就是因为这个设想违背了自然界的基本规律。

要想创新实践活动得到有价值的成果，就必须尊重客观规律。寻找事物的客观规律，按规律创新，这就是求真务实的确切含义。创新离不开求真务实，反之，求真务实的过程又是不断创新的过程。

（三）求变意识

创新意识还是一种求变意识，它追求突破已有的格局，包括思想的、实物的、方法的，等等。这里所说的"变"，主要是指变革、革新。

创造性活动源于创新意识，而创造性活动的过程就是不断发现错误、消除错误、接近正确的过程，也是不断破旧立新、推陈出新的过程。创造性活动即为不断变革的过程，创新意识因此又表现为求变意识。

（四）问题意识

创新意识同时又是问题意识。强烈的问题意识表现为善于提出问题。爱因斯坦说过，提出问题比解决问题更重要。有了新问题，就必须加以解决，用现有的途径和方法得不到圆满答案，就必须用新的方法。解决问题的过程又将是一个创新的过程。

■ 第二节　创新思维

一、创新思维的概念

创新思维就是根据实际情况，突破理论权威以及现成的规律、方法和思维定式的束缚，以新颖方式和多维角度独立思考、首创性解决问题的思维过程。

创新思维不是单纯依靠现有的知识和经验进行抽象和概括，而是在现有知识和经验的基础上进行想象、推理和再创造。这种思维使人们不受常规思路的约束，以超常规甚至反常规的方法或角度去思考问题，并提出与众不同的解决方案，从而产生新颖的、独到的、有社会意义的思维成果。

创新思维是思维的高级形态,既有一般思维的基本性质,又有自身的特点,从内容来看,创新思维具有独创性,从思维形式来看,创新思维具有灵活性,通常是多种思维的有效结合,没有单一的、凝固不变的模式。

二、创新思维的类型

(一)发散与聚合

1. 发散思维

发散思维是从不同层次、方向、途径和角度探求多种解决问题的思路和答案的思维方式。发散思维又被称为辐射思维、放射思维、扩散思维或求异思维,是指大脑在思维过程时呈现出的扩散状态的思维模式,它表现为思维视野的广阔、多维发散,比如一题多解、一事多写、一物多用等方式。一般认为发散思维是创造性思维的主要特点,是评判创造力的主要标志之一,比如头脑风暴就是典型的发散思维活动。

案例展示

砖头的故事

在一堂选修课上,教授拿出一块砖头对学生说:"请大家告诉我砖头都有哪些用途?"

同学 A 说:"砖头可以用来盖房子。"

同学 B 说:"砖头可以用来铺路。"

同学 C 说:"砖头可以用来建桥。"

同学们七嘴八舌地说了一遍,教授笑着说道:"同学们说得都很好,但是同学们所说的砖头的用途都可以概括为'将砖头作为建筑材料'使用,还有同学能说出除了建筑材料用途以外的用途吗?"

沉默许久,同学 D 说:"可以用来打狗!"

说完,课堂上引发了一阵笑声。

教授说道:"这位同学说得很好,砖头不仅可以用来打狗,还可以用来敲钉子、垫脚、做砖雕、将砖头粉碎做玩具土等,这就是发散思维。"

案例小贴士：生活中，人们往往习惯按照固定模式来思考问题，久而久之，就会影响思维的灵活性和创造性。因此，不要让常规思维局限了自己的思维，要敢于打破常规，从不同的角度来看待事物。

头脑风暴：请同学们谈一谈曲别针的用途。

发散思维的特点：

（1）流畅性。指可以在尽可能短的时间之内生成并表达出尽可能多的思维观念，以及较快地适应消化新的思维概念。流畅性反映的是发散思维的速度和数量特征，是发散思维的较低层次。

（2）变通性。变通性是克服头脑僵化的思维框架，按照新的方法或从各个角度去思考问题。变通性需要借助横向类比、跨域转化、触类旁通，使发散思维沿着不同的方面和方向扩散，表现出极其丰富的多样性和多面性，同时避免思考问题的单一性和片面性。变通性是发散思维的中等层次。

（3）独特性。指在发散思维的过程中产生的不同寻常的、异于他人的、新奇的想法。独特性是发散思维的最高目标，代表了发散思维的高等层次。

2. 聚合思维

在解决问题时，我们运用发散思维提出了众多的可能解决的方案，这时如果没有对问题进行汇集的探究，我们就无法从中找到最有用的思路，因此这时我们需要运用聚合思维。

聚合思维，又称收敛思维，是为了解决问题，尽量利用已有的知识和经验，把种种相关信息引导、集中到目标上，通过选择、推理等，得出一个最优或符合逻辑规范的方案或结论。

聚合思维具有同一性、程序性、封闭性、逻辑性的特点，主要体现在聚合思维要求目标同一，沿着求同的方向进行，并按照一定的程序进行，不能过于灵活自由，其思考的范围有限，但都指向中心的议题。

3. 发散与聚合的关系

发散思维是开阔思路，冲破思维定式的束缚，想出众多的、新奇的、独特的方法，而聚合思维是将各种方法加以分析、比较、综合，最后选出或者集中一个办法或方案，付诸实际行动。在我们处理问题的过程中，需要把发散思维和聚合思维辩证地统一起来，运用发散—聚合—发散—聚合—发散—聚合这样一个循环的思维活动去解决问题。如果说发散思维是道生一，一生二，二生三，三生万物，是由内而外的扩散性、创新性、求异性思维，那么聚合思维就是万物有道，道归于一，是对共性规律的归纳概括。

（二）逆向思维

逆向思维也叫反向思维、求异思维，它是对司空见惯的事物，反过来思考的一种思维方式。逆向思维不受旧观念的约束，不满足人云亦云，而是用绝大多数人没有想到的一种思维方法去思考问题，积极地去突破常规、标新立异，表现出积极探索的创造性，容易达到出奇制胜的效果。

逆向思维的方法主要有以下几种：

1. 方位逆向

方位逆向就是使处于对立位置的双方换位。如上—下、前—后、内—外、进—退、头—尾等。例如，我们日常生活中见到的自动扶梯，人走楼梯时是人动楼梯不动，把这个状态反过来人不动楼梯动，于是就有了自动扶梯；又比如开车游览野生动物园，常规动物园是把动物关在笼子里，人在笼子外面流动围观，把这个状态反过来，人关在笼子里，动物在外自由走动，于是就有了开车浏览的野生动物园。

2. 属性逆向

属性逆向就是从不同的角度去理解一个事物，把握事物性质的不同方面。例如好—坏、大—小、强—弱、有—无、动—静、多—寡、冷—热等。比如"恢复删除"软件、方形西瓜等。

3. 因果逆向

因果逆向即"倒因为果、倒果为因"，例如人类对于疫苗的研究和利用。

🗨️ **案例展示**

天花疫苗

宋朝时，天花病人中存活下来的，皮肤上痘症会结痂，把干结的痘痂收集晒干磨成粉末，取其中的一点用工具吹到天花病患者的鼻腔里，可帮助患者抵抗疾病。

案例小贴士：天花疫苗的研发，即是用事物的结果去对抗事物的原因，是典型的"倒果为因"的运用。

4. 心理逆向

心理逆向指在思考的过程中，从常人心理的反方向去思考和行事。

案例展示

卖伞与卖布

有一个老妇人，她有两个儿子，一个卖布，一个卖雨伞。雨天的时候她担心卖布的儿子生意不好，晴天的时候她担心卖雨伞的儿子生意不好，于是她整天闷闷不乐。有一天一个人对她说，雨天你就想卖伞的儿子生意好，晴天你就想卖布的儿子生意好，于是老太太每天都很快乐。

案例小贴士：从相反的角度去看问题，会得到截然不同的结论和答案。

在运用逆向思维时，我们要注意几点：一是敢于怀疑，挑战权威；二是深刻理解传统、常规，逆向思维是在深刻认识事物的基础上，再从逆向做出独到的、科学的、新颖的、超出正向思维的一些成果；三是正反互补、辩证统一，正向和逆向思维本身也是一种对立统一的关系，是不可截然分开的，以正向思维作为参考坐标才能显示出逆向思维的突破性。

（三）迂回思维

迂回思维，也称侧面思维、曲线思维、转向思维、横向思维等，是指问题假若用常规方法无法解决时，绕开问题的正面，从侧面寻找角度、思路来间接解决问题的思维方法。

迂回思维能够使很多问题由难变易、化繁为简。

1. 用间接代替直接

案例展示

搜狗搜索引擎

搜狗最早在2003年启动了搜狗搜索引擎项目，但市场占有率不佳。在这种状况下，搜狗公司改变战略，另辟蹊径，于2006年发布了搜狗输入法，这个产品一经上线，一炮而红。推出5年之后，搜狗输入法已成为中国网民家喻户晓的产品，市场渗透率高达83.6%。搜狗公司又借势于2008年推出搜狗浏览器，通过已成熟的搜狗输入法推动浏览器的用户量，二者形成良好互动，最后再通过浏览器推广搜狗搜索，一举将搜狗搜索带出了低谷。

案例小贴士：搜狗搜索引擎的成功就是用搜狗输入法和搜狗浏览器的势头间接带动而成的。

案例展示

等待电梯

英国剑桥大学一位教授爱德华·德博诺讲过等电梯的一个故事：一家公司搬到了一栋新的办公大楼，电梯只有一部，员工上下班时，等候电梯的时间很长，员工很抱怨，如果你是公司负责人，怎么解决这个棘手的问题呢？

常规思维：如何解决电梯速度，如增加一部电梯、员工错峰出行、提高电梯速度……

迂回思维：如何解决员工焦急的心理，如在电梯旁边加装几面镜子，一个非常烦人的等待电梯的时刻就在镜前这种顾盼之间悄悄流逝过去。

案例小贴士：迂回思维能够间接的，以代价更小、效率更高的方式达到解决问题的目的。

2. 用侧面代替正面

案例展示

孙权送来了一头巨象，曹操想知道这头巨象的重量，便询问他的属下，但他们都不能说出称象的办法。这时，曹操的小儿子曹冲说："把象放到大船上，在水面所达到的地方做上记号，再让船装载石头至水面达到刚才所做记号的位置，称一下这些石头的重量就能知道大象有多重。"

案例小贴士：采用直接的方法无法办到的事，或者能够通过侧面的方法解决！

3. 用阶段前进代替一步到位

有时候问题的解决无法一步到位，这时就需要采取迂回的方法，先取得阶段性的前进，为最终问题的解决打好基础。

最为典型的做法是以退为进，指在所思考的问题上，如果暂时不能或不宜有所"前进"时，可考虑采取某种与自己的愿望或利益相抵触的做法。在"退让"的过程中积蓄力量，创造一些更充分的条件，等待时机成熟时，再向前推进，最终达到解决整个问题的目的。

蒙古人巴拉干仓的故事

有一天，一位财主骑马在路上碰到了聪明的巴拉干仓，财主说："听说你很聪明，你能把我从马上拉下来吗?"巴拉干仓说："先生，我不能，但我可以把你从马下拉到马上。"这个财主马上跳下来，叫巴拉干仓把他拉上马。这时，巴拉干仓哈哈大笑，"先生，我这不是把你拉下马了吗?"

案例小贴士：巴拉干仓无法直接将财主拉下马，于是以退为进，最终问题也得以解决。

（四）横向与纵向

1. 纵向思维

纵向思维，又称历史思维。纵向思维是一种历史性的比较思维，是关于历史、时间和过程的认知，是通过事物的过去、现在和将来的对比分析，来把握事物的本质。

纵向思维要求对待一个事物，不能静止地看、孤立地看，而是要把这个事物放在历史的坐标上，对照其参照物比较分析，找出其特别之处或潜在的闪光点与意义。

纵向思维要求我们把握事物发展的趋势，从而进行创新思维活动。

尺子的发展

木尺→软尺→立体三角尺→铁尺→激光测量尺（图2-1）。

图2-1　尺子的发展

键盘的发展

传统键盘→超薄键盘→折叠键盘→软键盘→激光键盘（图2-2）。

图 2-2　键盘的发展

2. 横向思维

横向思维，亦称比较思维。横向思维是一种横断性思维，是通过把事物放到普遍联系和相互作用的过程中进行考察，是考察同一事物在不同环境中的发展状况，是对事物的相互关系进行比较。

横向思维有广阔的驰骋领域，甲地发生的事情，可以用乙地的事情做一个对比，A 领域发生的问题，可以到 B 领域去寻找答案。横向一比较，问题原因、差距答案能够较容易显现出来。横向思维如果运用得当，往往会产生通过纵向思维难以达到的创新成果。

3. 横向思维和纵向思维的关系

（1）二者思维的方向不同。纵向思维属于垂直方向的思维，注重时间的先后，事物发展的过程，以及逻辑的递进关系。横向思维属于水平方向的思维，注重时间的同步性、事物发展阶段的多面性以及逻辑的并列性。

（2）对思维对象的关注范围不同。纵向思维的注意力往往局限于思维对象本身，而忽视了相关的侧向的、间接的信息，解决问题的视野相对受到了限制。横向思维比较强调注意感知与思维对象相关的侧面的间接的各种信息，所呈现出来的视野比较开阔。如果不能从正面直接地解决问题，可以从侧面间接、迂回地解决问题，创新性更强。在这个意义上，横向思维也称为"迂回思维"。

（3）思维的有意识程度不同。横向思维是纵向思维的一个对立面，纵向思维由于长期反复使用，往往容易成为一种习惯，或者说称之为思维定式。而横向思维则必须有意识地、自觉地破除习惯和思维定式，经过反复思考才能进行，非有意、自觉所不能为。

（4）横向思维和纵向思维具有互补性。横向思维和纵向思维是相互联系的一对范畴，二者之间相互补充、相互联系、相互完善、相互促进，为我们解决问题提供了很多创新的思维方法和实际问题。

（五）移植思维

移植思维，又称为迁移思维，就是提取已有事物中的优势元素，应用于其他事物中，使之具备新的特性（或衍生新的产品）的思维过程。移植思维可以使新事物具有较强的竞争优势。

1. 形式移植

形式移植是将事物的形式从一个事物移植到另一个事物。

案例展示

汽车→儿童汽车。

飞机→儿童飞机。

座椅→儿童座椅。

牙膏→儿童牙膏。

杯子→儿童杯子。

日用品自行车→动感单车。

划船→健身用划船机。

2. 要素移植

当两种情景中有共同要素时，将 A 事物的优势要素迁移到 B 事物中，使之具备优势。

案例展示

使用风帆的中国独轮车

帆船的帆可以借助风为船提供动力，那么车需要动力该如何解决？于是 1905 年生产出了使用风帆的中国独轮车（图 2-3）。

3. 原理移植

原理移植是将某一事物具备的一般原理，部分或全部地应用于另一事物中。

图 2-3　使用风帆的中国独轮车

案例展示

伸缩原理（图 2-4~图 2-6）。

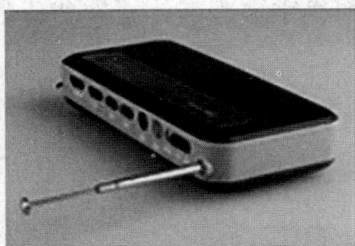

图 2-4　伸缩天线

图 2-5　伸缩鱼竿

图 2-6　伸缩梯

磁性原理（图 2-7~图 2-9）。

图 2-7　磁性积木

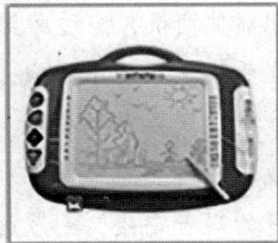

图 2-8　磁性绘画板

图 2-9　磁性钓鱼

■ 第三节　创新意识和创新思维的培养

一、创新意识培养

在创新过程中，强烈的进取精神和勇于探索新事物的创新意识是很重要的。创业者拥有了探索新事物的创新意识，才敢去想别人没有想到的、做别人没有做过的事情。那么，创业者怎样才能激发出创新意识呢？

（一）知识的积累

知识积累是培养、激发创新意识的必要条件。创业者在培养创新意识时，首先要增强自身的求知欲，让自身具备勤奋求知的精神，不断地学习新知识，才能在自主创新创业的过程中发挥主导作用。

扎实的基础知识和良好的学习方法是创新的前提，开阔的视野也有助于创业者进行创新。只有掌握了创新的基础知识和基本技能，遵循了创造性规律，了解了科技发展和知识的更新动态，形成了较强的学习能力和思维能力后，才能萌生创新意识。

案例展示

合伙开发小游戏

钱亮、赵军、林小路原是某大型网游公司的员工。虽然他们工作年限不长，但个人能力却非常突出。尤其是钱亮和赵军，他们经常会在工作之余阅读一些与游戏设计相关的书，而林小路则喜欢关注游戏市场的变化。在看到国内手机软件尤其是游戏软件市场蓬勃发展的趋势后，他们想抓住商机，经过反复商量，他们决定辞职创业。

他们创业的项目是一款适合在手机上玩的小游戏，游戏的大致内容为：由于人类对环境的污染，大海中的生物都发生了变异乃至死亡，玩家需要协助环境保护人员进行调查，使大海生态恢复如初。他们在过去的工作中也设计制作过类似的小游戏，因此具备了相关经验。经过5个多月的艰苦奋战，一款画面美观、操作性强、引人入胜的小游戏终于出炉了。他们制定了相应的营销方案向国内游戏开发商推广他们的产品和服务，最终大获成功。

案例小贴士：优秀的创新成果都是饱含科技知识的。没有坚实的知识积累和深厚的知识底蕴，是不可能孕育出好的创新成果的。

（二）消除心理障碍

对于创新，有些人有一种天生的抵触和恐惧，认为创新是科学家才能干的事情，自己没有能力去创新，更没有创新意识。其实，人人都能创新，人人都具备创新的潜能。为了将这种创新潜能激发出来，使自己具备创新意识，人们首先要消除创新的心理障碍，树立创新的信心。

消除心理障碍，培养创新意识的方法包括以下三种。

1. 战胜从众心理

从众心理会严重阻碍创业者创新能力的发展。辩论是战胜从众心理、培养独立思维的好方法。创业者们在对某一问题与别人持有不同看法时，应充分发表自己的独到见解，据理论事，不盲目从众，这样便能很好地战胜从众心理。

2. 战胜胆怯心理

胆怯心理是比较普遍的心理障碍，对创业者创新意识的形成有强烈的抑制作用。创业者要想战胜胆怯心理，就应当敢于质疑、勇于探索、自我激励。

3. 战胜自卑心理

自卑心理会使创业者缺乏自信心和想象力，甚至自我封闭。要想战胜自卑心理，创业者应当进行积极的自我暗示，辩证地看待创新道路上遇到的失败和挫折，具备坚定的自信心和顽强的进取精神。

（三）激发好奇心

创新需要具备强烈的好奇心。古今中外有很多真知灼见、发明创造都是人们通过不断探索而获得的，人们的探索欲望常表现为强烈的好奇心。

好奇心会使人们对事物或人充满兴趣，这些兴趣会促使人们去质疑、探索或者刨根问底，此时人的思维就会变得异常活跃，人的潜能也会得到释放，人的创造性也会随之大大提高。

案例展示

改良版蒸汽机的发明者——瓦特

瓦特出生于格林诺克小镇，父亲是造船工人，祖父和叔父都是机械工人。由于家庭的影响，瓦特从小就熟知了许多机械原理和制作技术。在孩提时代，瓦特就对身边的事物有强烈的好奇心和钻研精神。

在瓦特的家乡，家家户户都是生火烧水做饭，这种司空见惯的事几乎没有人会留意，但瓦特却不一样。有一次，瓦特在厨房里看祖母做饭，灶上烧着一壶开水，开水沸腾的时候，壶盖就会啪啪地响并不停地被向上掀动。瓦特观察了很久，感觉很奇怪，猜不透其原因，于是请教祖母。

祖母说："水开了就会这样。"

瓦特不解，又追问："为什么水开了壶盖就会跳动？是什么东西在推动它吗？"

祖母没法给瓦特一个确切的答案，于是瓦特决定自己寻找真相，接下来几天瓦特都蹲在火炉旁边细心地观察。经过反复思考和耐心观察后，瓦特终于明白了：原来是水蒸气在推动壶盖跳动。这一物理现象，正是蒸汽机的发明原理。

之后，瓦特运用科学理论，逐渐发现了纽科门蒸汽机的不足之处。1765—1790年，瓦特进行了一系列发明，如分离式冷凝器、汽缸外设置绝热层、离心式调速器以及节气阀等，使改良后的蒸汽机的效率与原来的纽科门蒸汽机相比提高了3倍多。最终他发明出了现代意义上的蒸汽机。

案例小贴士：正是因为瓦特对开水沸腾会使壶盖往上掀动这一现象有着强烈的好奇心，才最终发明了改良版蒸汽机。

（四）参与创新实践活动

创业者在培养创新意识的过程中一定要树立科学的创新理念，明确创新的真正含义，防止把创新仅当作一句口号，而不解决实际问题的情况发生。

在培养科学的创新理念的过程中，创业者应该积极参与创新实践活动，如创新创业大赛。同时，创业者不要怕在创新过程中犯错误，要大胆创新才能在创新路上成长起来。

二、创新思维培养

创新思维是每个创业者都应该具备的思维能力。总的来说，创新思维的培养应从以下两个方面着手：

（一）激发创新潜能是培养创新思维的前提

激发创新思维潜能的方法有良性暗示、快乐心灵、成果激励、制造险境等。

1. 良性暗示

暗示可分为良性暗示和负面暗示两种。良性暗示能够开发头脑中的思维潜能。创业者应尽可能地从周围环境或他人那里得到良性暗示，也可以直截了当地对自己进行良性暗示，同时应拒绝那些压抑思维潜能的负面暗示。

2. 快乐心灵

快乐与创新密不可分。快乐与人的需求相关，而需求的满足感可以通过外界事物来改变，也可以通过内心调节。一个没有烦恼、心地宽容、拥有快乐心灵的人，他的创意会源源不断地涌现出来。

3. 成果激励

每个人都希望自己付出的劳动有所收获，因此，对成果进行激励激发出的积极性会取得很好的效果，可以使其大脑高速运转起来。

4. 制造险境

人在遇险时，会展示出非凡的能力，这种能力就是人的潜能。在任何困难面前，相信自己能行，激发头脑中潜在的能量，想出应对策略，就可产生有效行动。

（二）积累实践经验是创新思维的根本基础

实践是检验真理的唯一标准，所以创业者要想培养创新思维，就必须参与社会实践。每一项发明创造无论成功与否，都需要经历无数次的创新思维实践。

针对大学生创业者，高校应多组织、多开展行之有效的社会实践活动，让大学生在课堂学习之余，可以走向社会，参与实践劳动，进行创新思维锻炼。只有实践才能将创新理念变为现实，也只有实践才能让大学生的创新思维、创新能力得到真正的发展。

案例讨论

复写纸的来源

复写纸想必大家都已经司空见惯，无论是签合同、做票据、存档都需要用到它。在享用它带来的便利的同时，也应清楚它背后所隐藏的创新思维。

19世纪初，英国的韦奇伍德在伦敦经营着一家文具商店，同今天的许多商贩、电商一样，韦奇伍德想要扩大自己的客源，也会想到打广告这一招。但在那个年代，并没有印小传单的公司，也没有"水军"做推广。因此韦奇伍德只能经常自己用铅笔给固定客户写信，向别人介绍自己店里新进的几种文具。广告自然大同小异，因此可想而知这些信的内容几乎一模一样。他日复一日像机器人一样写着重复的广告，难免有些厌烦，于是心想："能不能一遍就写出两封、三封信呢？"想必被老师惩罚过抄书的人应该能理解这种心情。在这种沉重的心情下，韦奇伍德若有所思地看着纸上留下的上一张纸的字痕，字痕有印迹但没颜色，那加上颜色不就可以了吗？

很快，韦奇伍德就想出了一个加颜色的方法——将一张薄纸放在蓝墨水中浸润，然后夹在两张吸墨纸之间使之干燥，书写时，可将其衬在一般纸之下，从而获得复制件。于是在 1806 年，韦奇伍德获得了他的"复制信函文件装置"的专利权，"复写纸"也作为一项新事物进入了人们的日常生活。

韦奇伍德的发明问世时，英国的商业活动已很发达，复写纸大有用武之地。眼看他的发明大受欢迎，韦奇伍德干脆办了一家工厂，专门生产这种特殊纸张。后来又经过一些改良，形成了今天的复写纸。

讨论：
谈一谈上述案例蕴含了怎样的创新思维。

第三章
创新方法

学习目标

1. 了解基本的创新方法；
2. 掌握头脑风暴法、信息交合法、TRIZ 理论的使用场景；
3. 能将头脑风暴法、信息交合法、TRIZ 理论应用到实际场景中。

■ 第一节　集思广益——头脑风暴法

一、头脑风暴法概念

头脑风暴法来源于"头脑风暴"这个词。起初它是精神病理学的术语，代指精神错乱状态。现在头脑风暴主要指群体决策中的无限制联想和讨论，其目的是在联系和讨论中产生新的观念和激发新的创新设想。

头脑风暴法是在 1939 年由美国著名的创造学家亚历克斯·奥斯本提出的，并于1953 年正式发表的一种激发思维的方法。后来经过各个国家创造学研究者多年的实践和发展，如今已经成为一种常用的创造性思维方法，并且形成了一个发明技法群，其中包含了卡片式智力激励法等多种方法。

头脑风暴法又可以分为头脑风暴法和反头脑风暴法，也称为直接头脑风暴法和质疑头脑风暴法。头脑风暴法（直接头脑风暴法）主要是在进行群体决策时尽可能地让每一个决策者进行无限制自由联想，激发决策者的创造性，从而产生出更多设想的办法。反头脑风暴法（质疑头脑风暴法）则是对头脑风暴法所提出的设想办法、方案质疑，逐个分析设想方案的可行性。

二、头脑风暴法的创新原理

亚历克斯·奥斯本及其他各国研究人员认为，头脑风暴法能够激发并且产生新思维的原理主要有以下几点：

1. 联想反应

想象和联想是激发产生创新方法的一个重要因素。在群体决策中，一个人的想象加上一群人的不断联想，总能产生许许多多的新思维和新办法，形成连锁反应，提供许多创新方法。

2. 情绪感染

在群体决策中，如果在没有任何限制的情况下每个人畅所欲言，互相影响和感染，可以极大地调动现场所有人的情绪，形成充满激情的氛围，使每个人的创造性思维能力发挥到极致。

3. 竞争意识

一场讨论如果没有竞争将毫无意义。在群体决策中，竞争意识会使每个人争先恐后地不断发言，不停地想出新方法来表现自己。心理学研究发现，当人在竞争的情况下，心理活动效率可以增加50%以上。

4. 想法自由

在群体决策解决问题时，只有使每个人的想法不受任何约束或干扰，才能让每个人畅所欲言，不断地提出新想法。

三、头脑风暴法应用指南

1. 头脑风暴法会议常见组织形式

一般小组人数设定在10人左右，最好是由不同岗位或不同行业人士组成。会议时间一般在半小时到一小时之间，同时设立主持人一名、记录员一名，主持人只能主持会议并且时刻强调会议纪律，记录员则负责将每一名小组成员的想法完整地记录下来。

2. 头脑风暴法会议常见类型

（1）想法开发型：主要是用于获取大量的解决问题的方法，需要每一名参会人员想象力丰富、善于联想，并且要有一定的语言表达能力。

（2）想法论证型：主要是用于验证在想法开发型会议中提出的设想，这就要求参会人员拥有归纳分析能力和丰富的实践经验。

3. 头脑风暴法会议前期准备

头脑风暴法会议在开会之前，一定要明确本次会议主题，同时提前将会议主题告知参会人员，让参会人员有一定的时间准备发言内容；并且要选择一名熟悉该技法要点、了解会议主题情况和未来发展趋势的主持人；在正式开会之前，还可以对参会人员进行一定强度的思维训练，即使思维常规的参会人员打破其固化思维，转变思维方式，减少惯性思维，提高会议效率和质量。

4. 头脑风暴法会议原则

（1）在会议期间，严禁批评他人想法，同时也不要自谦。参会人员不得对他人提出的猜想进行任何批评和评论，更不得阻拦他人发言。即使某些猜想在自己看来是十分幼稚甚至荒谬的，也不得以任何方式干扰发言者。只有这样才能让参会人员在十分和谐放松的环境下，不断拓宽自己的思维，提出更加新颖的想法。

（2）主题明确，目标集中，追求想法数量。会议期间需要主持人不断鼓励参会人员提出想法，并且想法数量越多越好。

（3）鼓励参会人员巧妙地改善他人提出的猜想。要求每一个参会人员从他人的设想中得到启示，或者完善他人的猜想，或者将若干条猜想整合到一起从而提出新猜想。

（4）会议期间，平等对待所有参会人员。无论参会人员是专家还是其他行业人员，要求记录员认真地将每一条猜想记录下来，就算是最荒诞的猜想，也一一记录。

（5）鼓励独立思考，不允许私下交谈。

（6）鼓励言论自由，任意思考。头脑风暴法会议提倡自由思考、任意想象、尽情发挥，发言观点越新、越怪越好，只有越新、越怪的观点，才能启发参会人员推导出更好的观点。

（7）不得强调个人成绩，时刻以团体利益为主，也不得用多数人的意见干扰个人观点的产生。

5. 头脑风暴法会议实施步骤

（1）会前准备：确定会议主题，落实主持人和参会人员，明确会议任务，如有必要可以对参会人员进行一定强度的训练。

（2）想法开发：由主持人主持会议，公布主题和相关参考情况，控制会议时间，力求在会议规定时间内，尽最大可能记录每一条富有创意性的猜想。

（3）猜想分类整理：将会议记录下来的每一条想法分为实用型和设想型，实用型为以目前的技术水平可以达到的设想，后者则为不可达到的设想。

（4）完善实用型想法：对实用型的想法进行再次设想论证，扩大想法的可实现范围。

（5）设想型想法再开发：对设想型想法进行二次、三次开发，就有可能使设想型想法在不断的开发中演变为实用型想法。

6. 头脑风暴法会议成员组成

（1）参会小组：在选择参加头脑风暴法会议讨论的小组成员时，如果参会人员之间互相认识，那么要从同一级别或职位中选择，并且尽量避开领导人员；如果参会人员互不认识，则可以从不同的级别或职位中选择，但是不得公布参会人员的信息。同时在选择参会人员时最好能够从不同的领域选择各个行业的专家，并且要求这些专家具备丰富的联想能力和一定的语言表达能力。

（2）主持人：头脑风暴法会议的主持人最好是由对会议主题或者所决策问题的背景比较熟悉的人担任，同时主持人需要时刻鼓励参会人员不断地提出想法，并且调节现场气氛。主持人应该懂得各种创造思维方法。

7. 反头脑风暴法阶段

在头脑风暴法会议中，总有许多的观点需要不断论证其想法的可行性，这时就需要反头脑风暴法（质疑头脑风暴法）对会议中的猜想或者方案进行一个可行性评估。

首先要求参会人员对所有的猜想质疑，同时进行一个全方位的评价，评价的重点是所有关于这个设想实现的限制性条件。在质疑的过程中，可能会产生一些新的可实现的猜想。

其次是对每一个猜想制定一个评价表。反头脑风暴法其实和头脑风暴法的原则一样，只是不得对已经产生的猜想提出肯定的意见，同时鼓励批评或者提出意见，其质疑过程要一直持续到某个猜想没有问题时，才可以停止质疑。

最后是对前面质疑批评的过程中产生的评价意见进行估价，以此方便产生一个能够解决会议主题的实际可行的方案。

8. 头脑风暴法成功要素

（1）自由发言：每一个参会人员不应该受到任何限制，应使参会人员解放思想，让思维自由地发生，然后通过不同的角度、方位、层次进行大胆猜想，尽最大的可能与众不同，提出具有创新性的想法。

（2）延缓评判：头脑风暴法会议中所有的参会人员必须时刻保持对当场所提出的所有猜想不做任何评判的原则，一切都要等到会议结束后方可进行。其主要目的是避免在评判中约束了参会人员的思维发散性，降低参会人员提出猜想的积极性；同时也是为了让参会人员集中注意力，提出更多的猜想。

（3）禁止批评：绝对严禁批评是头脑风暴法会议中必须遵守的一个原则，每一个参会人员都不得对任何人所提出的猜想进行批评或者发表批评意见，因为在头脑风暴法会议上提出批评会直接导致发散性思维受到抑制，也会使头脑风暴法会议的气氛遭到破坏。

（4）追求数量：头脑风暴法会议的目的是在一定时间内尽最大可能获取最多的猜想，保证数量是头脑风暴法会议的重要任务。换一个角度来说，如果猜想的质量与所提出的猜想的数量成正比，那么所提出的猜想数量越多，其中可行性猜想和创造性猜想的数量就会越多。

案例展示

案例一：飞机扫雪

有一年，美国北方格外严寒，大雪纷飞，电线上积满冰雪，大跨度的电线常被积雪压断，严重影响通信。过去，许多人试图解决这一问题，但都未能如愿以偿。后来，电信公司经理应用奥斯本发明的头脑风暴法，尝试解决这一难题。他召开了一种能让头脑卷起风暴的座谈会，参加会议的是不同专业的技术人员，经理要求他们必须遵守以下原则：

第一，自由思考。即要求与会者尽可能解放思想，无拘无束地思考问题并畅所欲言，不必顾虑自己的想法是否"离经叛道"或"荒唐可笑"。

第二，延迟评判。即要求与会者在会上不要对他人的设想评头论足，不要发表"这主意好极了""这种想法太离谱了"之类的"捧杀句"或"扼杀句"，至于对设想的评判，留在会后组织专人考虑。

第三，以量求质。即鼓励与会者尽可能多而广地提出设想，以大量的设想来保证质量较高的设想的存在。

第四，结合改善。即鼓励与会者积极进行智力互补，在增加自己提出设想的同时，注意思考如何把两个或更多的设想结合成另一个更完善的设想。

按照这种会议规则，大家七嘴八舌地议论开来，有人提出设计一种专用的电线清雪机；有人想到用电热来化解冰雪；也有人建议用振荡技术来清除积雪；还有人提出能否带上几把大扫帚，乘直升机去扫电线上的积雪。对于这种"坐飞机扫雪"的想法，大家心里尽管觉得滑稽可笑，但在会上也无人提出批评。相反，有一位工程师在百思不得其解时，听到用飞机扫雪的想法后，大脑突然受到冲击，一种简单可行且高效率的清雪方法冒了出来。他想，每当大雪过后，出动直升机沿积雪严重的电线飞行，依靠调整旋转的螺旋桨即可将电线上的积雪迅速扇落。他马上提出"用干扰机扇雪"的新设想，顿时又引起其他与会者的联想，有关用飞机除雪的主意一下子又多了七八条。不到一小时，与会的10名技术人员共提出90多条新设想。

会后，公司组织专家对设想进行分类论证。专家们认为设计专用清雪机，采用电热或电磁振荡等方法清除电线上的积雪，在技术上虽然可行，但研制费用高，周期长，一时难以见效。那种因"坐飞机扫雪"激发出来的几种设想，倒是一种大胆的新方案，如果可行，将是一种既简单又高效的好办法。经过现场试验，发现用直升机扇雪真能奏效，一个久悬未决的难题，终于在头脑风暴会中得到了巧妙的解决。随着发明创造活动的复杂化和课题涉及技术的多元化，单枪匹马式的冥思苦想将变得软弱无力，而"群起而攻之"的发明创造战术则显示出攻无不克的威力。

案例二：新产品命名

盖莫里公司是法国一家拥有300人的中小型私人企业，公司生产的电器有许多厂家和它竞争市场。公司的销售主管参加了一个关于发挥员工创造力的会议后大有启发，开始在公司谋划成立一个创造小组。在冲破了来自公司内部的层层阻挠后，他把整个小组（约10人）安排到了农村一家小旅馆里，在以后的三天中，每人都采取了一些措施，以避免外部的电话或其他干扰。

第一天全部用来训练，通过各种训练，组内人员开始相互认识，他们相互之间的关系逐渐融洽，开始还有人感到惊讶，但很快他们都进入了角色。第二天，他们开始训练创造力技能，其中涉及智力激励法以及其他方法。他们要解决的问题有两个，在解决了第一个问题，发明一种拥有其他产品没有的新功能电器后，他们还要解决第二个问题——为此新产品命名。

在两个问题的解决过程中，都用到了智力激励法。在为新产品命名这一问题的解决过程中，经过两个多小时的热烈讨论后，共为它取了300多个名字，主管决定暂时将这些名字保存起来。第三天一开始，主管便让大家根据记忆，默写出昨天大家提出的名字。在300多个名字中，大家记住的有20多个。然后主管又在这20多个名字中筛选出了3个大家认为比较可行的名字。再将这些名字征求顾客意见，最终确定了一个。

结果，新产品一上市，便因为其新颖的功能和朗朗上口、让人回味的名字，受到了顾客热烈的欢迎，迅速占领了大部分市场，在竞争中击败了对手。

案例三：新型烤面包机

美国某公司打算内部收集新型烤面包机的设计方案，除了设计人员，其他岗位的职员同样可以对此发言。后来，有一位负责清洁的老太太向技术人员提问道："有没有能抓住老鼠的烤面包机？它们老是吃烤面包机掉下来的面包屑。"

于是公司在新设计的烤面包机的最下层设计了一个抽屉，用来收集掉下来的面包屑。这一新产品刚一上市，就受到了大量顾客欢迎，销售空前火爆。

■ 第二节 一个新办法的诞生——信息交合法

一、信息交合法概念

1. 信息交合法的提出

信息交合法是在 1983 年由华夏研究院思维技能研究所所长许国泰副教授所创造的，此方法的出现，还得从一个关于曲别针的故事开始说起。

1983 年 7 月，中国创造学第一届学术研讨会在我国的广西南宁召开。这次大会不仅邀请了许多学者、名流，还邀请了日本的专家村上幸雄先生。在会上，村上幸雄先生拿出了一把曲别针说："请大家想一想，尽量放开思路来想，曲别针有多少种用途？"参会人员一时开始讨论起来，最后总结出了 20 多种用途。但是村上幸雄先生则拿出幻灯片展示了 300 种关于曲别针的用途。这次大会上有许国泰，他向村上先生说："对曲别针的用途，我能说出 3 000 种、3 万种！"然后他就登上讲台开始画起了图，这也是标志着信息交合法诞生的图——信息标与信息反应场。许国泰副教授开始将曲别针的体积、颜色、重量、硬度、长度等信息排序，组成信息场的 x 轴。然后将曲别针与现实相关的数学、电磁反应、物理、化学、艺术等加以排序，组成信息场的 y 轴。这样就组成了一个信息反应场，将信息反应场 x 轴与 y 轴的各个信息点交合，就能产生出许许多多意想不到的新信息，比如将 x 轴的材质与 y 轴的物理交合，曲别针就可以变成导体，多个曲别针连接在一起还可以变成导线、铁链等。大家发现了没有，这是一个多么神奇的创新思维方法。

2. 信息交合法的两个公理

公理一：不同信息的交合可产生新信息。

公理二：不同联系的交合可产生新联系。

通过两个公理可知，我们的世界总是联系在一起的，信息就是构成联系的通道，我们总能在信息中找到新的联系，从而发现新的信息。但是它也不是一种万能的方法，不可以取代所有的思维技巧，更不能取代思维活动。信息交合法其实只是一种比较有实用价值的思维技巧和思维方式。

3. 信息交合法的三个定理

定理一：心理世界的构想即人脑中勾勒的映像。

它表明在不同信息的相同联系中，人们心理世界产生的构想就是我们平时所看见的物品信息，即人脑中勾勒的映像。比如将轮子和玻璃两个完全不同的信息交合，就可以组成小轿车，轮子可以使小轿车行走，玻璃负责挡风和提供驾驶员的视野。

定理二：新信息、新联系在相互作用中产生。

它表明如果需要发现新的联系或者找到新的信息，就必须要使两个毫无关联的物体进行交互，比如驱蚊水和台灯，交互后就可以产生一个新的信息——灭蚊灯。

定理三：具体的信息和联系均有一定的时空限制性。

它表明不是所有的信息或者联系都可以进行无条件的进行交互，比如汽车和迫击炮，完全不相关的两个物体，在军事领域下进行交互就可以变成坦克，但是如果没有相关条件，则不能进行交合。

二、信息交合法的原则和优点

1. 信息交合法的三原则

信息交合法是一种比较实用的方法，但也不是万能的方法，它不是将两个物品或者信息进行胡拼乱凑，而是要遵守一定的原则。

（1）整体分解原则：将所要进行交合的对象进行分解，然后再按照一定的顺序进行排序得到对象的要素。

（2）信息交合原则：信息反应场的 x 轴与 y 轴的每个要素逐一地进行交合，将交合的信息加以整理，筛选出所需要的信息。

（3）结晶筛选原则：根据筛选的信息，找到最合适的方案，这是就需要对比方案的可行性和实用性等。

2. 信息交合法的主要优点

信息交合法可以使人的思维更具有联想性，并且其应用的范围也十分广泛。此方法可以有效地提高人们的逻辑思维能力，同时在创新思维教育和创造能力教育上作为重要方式，具有非常强的实用性。

三、信息交合法的运用

信息交合法在使用时首先要确定坐标原点，然后确定要研究的对象。这里假设研究水杯，将需要研究水杯的信息进行区分，分别向四个方向做四条矢量标线，再将该矢量标线分为四个维度，用水杯的信息去填写每一个维度的信息点，如图 3-1 所示。

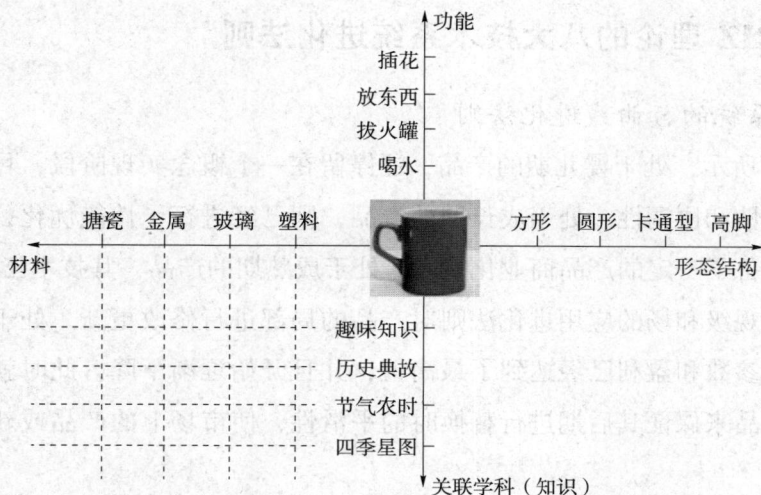

图 3-1 信息交合法的运用

这样就成功地构建了完整的信息反应场。当我们将关联学科与材料进行交合时，比如将"搪瓷"和"历史典故"交合，就能联想到改革开放时期的一些有意思的事情，这个时候我们就可以推出新品类，比如"历史典故杯"。

■ 第三节 发明问题解决理论——TRIZ 理论

一、TRIZ 理论的起源与发展

TRIZ 理论是根里奇·阿奇舒勒于 1946 年创立的。在此之前，根里奇·阿奇舒勒已经拥有了许多的专利，随着专利的增多，他也开始思考有没有什么规律或者法则可以迅速地解决关于创造出新物品或新技术的难题。1946 年，根里奇·阿奇舒勒开始着手发明问题解决理论的研究。随着研究的深入，他发现任何领域的产品或技术的革新其实是和生物一样的，都存在着产生、生长、成熟到衰老灭亡的自然规律。在其后的数十年里，根里奇·阿奇舒勒不断地研究和完善 TRIZ 理论，在他的带领下，苏联的研究机构和学者以及企业共同努力，最终建立起了 TRIZ 理论体系。

在 20 世纪 80 年代中期以前，TRIZ 理论还是一直处于对其他国家保密的状态；随着后期许多苏联科学家移居美国、英国等一些西方国家，TRIZ 理论才开始走向世界，并且产生了十分深远的影响。

二、TRIZ 理论的八大技术系统进化法则

1. 技术系统的 S 曲线进化法则

如图 3-2 所示，处于婴儿期的产品，还停留在一个概念实现阶段，目前已经具备了基本的应用性和协调性。处于成长期的产品，则已经进行了性能优化，可以进行商品化开发，具备了一定的产品商业化能力。处于成熟期的产品，其技术已经基本完善，可以运用向微观级和场的应用进化法则对产品的局部进行修改更新。处于衰退期的产品，其性能、参数和盈利已经达到了最高值，并且开始逐渐下降，此时就需要提前开始生产新的产品来保证其后期进行替换时的平滑性，使市场上的产品或新产品长期保持在成熟期。

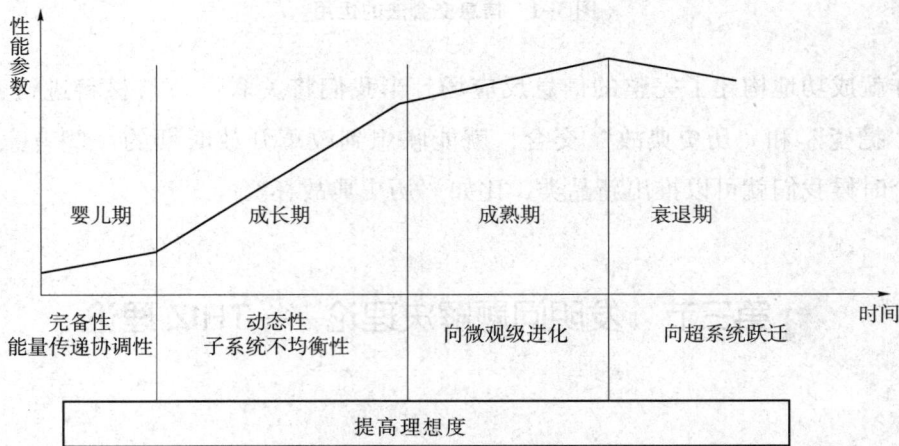

图 3-2　技术系统的 S 曲线进化法则

2. 提高理想度法则

提高理想度法则主要考虑以下四个方面因素：

（1）系统在实现对应的功能时，必然会有有用功能和有害功能两个方面的作用。

（2）理想度表示了有用功能和有害功能的比值，理想度越高，其比值越低。

（3）系统改进的一般方向是将理想度比值最大化。

（4）在建立和选择发明解法的同时，需要努力提升理想度水平。

如果要提高系统的理想度，一般可以通过以下四个方面来解决：

（1）增加当前系统的使用功能。

（2）将更多的功能传输到硬件中去，即传输到工作元件。

（3）将部分的系统功能迁移到其他地方，比如外部器件、环境或者超系统中。

（4）重复利用一切目前已有的资源。

3. 子系统的不均衡进化法则

绝大多数技术系统都是由多个子系统组成，不同子系统的进化是不同的，每一个子系统都是根据自身原本的 S 曲线、时间进化度进行进化的。一般而言，不同的子系统将会在不同的时间达到子系统功能的极限，从而使各个子系统出现矛盾。如果某个子系统已经达到极限，那么它将影响整个系统的进化，使总系统的进化速度减慢甚至停滞。

4. 动态性和可控性进化法则

动态性和可控性进化是指增加系统的动态调节性能，让系统拥有更大的柔性和可移植性，使功能的实现变得简单。而要增加动态性和可控性，一般从四个方面来解决：

（1）增加系统的可移植性和移动性，比如座机—子母机—手机。

（2）增加系统的自由度，比如蒸汽火车—电力火车—磁悬浮列车。

（3）增加可控性，比如城市路灯，可以人为开启，可以感光控制，还可以设置传感器感应到人时开启，同时再增加路灯的亮度调节。

（4）改变稳定度的路径，比如静态系统—多个静态系统—多个固定系统—动态固定系统—动态多变系统。

5. 增加集成度再进行简化法则

增加集成度再进行简化法则其实就是先增加系统的功能，尽可能地提高其集成度，然后再用较为简单的模块进行更换，以便增加系统的效率，降低系统的复杂性。

6. 子系统协调性进化法则

在技术系统的不断进化中，各个子系统的匹配与否总是交替出现的，以此来改善性能或者补偿不理想的作用。简而言之，就是技术系统的各个子系统都是在不断发展、不断进化的，并且使得各个子系统更加协调，更能充分地发挥其功能。

7. 向微观级和场的应用进化法则

大部分的技术系统都是从宏观系统不断向微观系统进化的，在进化的过程中，系统就会使用不同的能量场来使自身的性能更好、可控性更强。

8. 减少人工进入的进化法则

减少人工进入的进化法则的含义是系统的发展是为了让那些工作简单重复的人解放出来，以便于人们去从事更需要智力的工作。

三、TRIZ 理论的 40 个创新原理

1. 分割原理

将研究物体分割为多个部件或者多个等量小组，这样就使物体变成了可以拆卸的物品，然后再不断增加物体的分离程度，可以细微到螺丝钉等部件。

2. 分离原理

将物体中的干扰物质或有害物质分离，仅仅提取物体中我们所必需的部分或物质。

3. 局部功能化原理

在物体的局部区域改变特征，然后使物体获得新的必要性特征。比如将普通杯子做成双层，中间抽真空就变成了隔温隔热的保温杯。

4. 非对称化原理

将某些特殊物品从对称的做成不对称的款式。比如将直流充电器插头做成不对称的形式来避免将电源插反。如果某些物品已经是不对称的形式，则可以加大其不对称性，从而实现更好的效果。

5. 组合原理

将可以完成相同功能的物体或者相同的物体组合起来，或者是将在时间上相同的操作组合起来，比如芯片、排插等。

6. 多用途原理

一个物品可以拥有多个不同的使用方式。

7. 嵌套原理

嵌套原则类似俄罗斯套娃，一层又一层。

8. 反重量原理

将物体与一个具有向上拉力的物体进行结合，从而抵消此物品的重量，或者使物

体通过介质的相互作用来抵消物品的重量。

9. 预加反作用原理

预先给物体施加反作用，以补偿过量的或者不想要的压力。

10. 预先准备原理

预先完成要求的作用（整个的或部分的）。

11. 备用方案原理

以事先准备好的应急手段补偿物体的低可靠性。

12. 等势性原理

等势性原则是指改变物品的工作条件，使物品类似于电梯上升或者下降。

13. 相反原理

相反原理，顾名思义，就是实现与之前预计的研究结果相反的原则。

14. 曲形化原理

将平面改为曲面（球面），将立方体变为球形，将直线运动变为旋转运动。

15. 动态变化原理

将固态变化为动态，或者将运动路线进行矢量分解。

16. 参量欠过法原理

想达到预想参量是很难的，但是可以先达到预想参量的一个范围值，再不断地调试。

17. 空间维数变化原理

把物体的动作、布局由一维变为多维，或者将物体倾斜或侧向放置。

18. 机械振动原理

使物体振动，并增加振动频率，或者用压电振动器代替机械振动器。

19. 周期性作用原理

用周期作用（脉冲）代替连续作用，或者利用脉冲的间歇完成其他作用。

20. 有效作用的连续性原理

物体的所有部分均应一直满负荷工作，或者消除空转和间歇运转。

21. 减少有害作用的时间原理

快速地跃过有害的或者危险的过程及阶段，其本质在于大幅度缩短有害过程。

22. 变害为利原理

利用有害因素获得有益的效果，或者将有害因素结合来消除有害因素。

23. 反馈原理

引入反馈或者改变已有反馈，其特征是巧妙运用技术过程中的有关伴随信息。

24. 中介物原理

依靠中介物来完成某种功能。

25. 自服务原理

物体能够自我服务，完成辅助或维修工作。

26. 复制原理

用简单而便宜的复制品代替昂贵的、易损坏的物品。

27. 廉价替代品原理

用廉价物品替代昂贵物品，并在某些属性上（如寿命等）做出妥协。

28. 机械系统替代原理

用光、声、嗅觉系统替代机械系统，用电、磁场替代机械场，或者用移动场替代静止场，用时变场替代恒定场，用结构化的场替代随机场。

29. 气动或液压结构原理

用气态或液态部件代替原部件。

30. 柔性壳体或薄膜原理

利用软壳和薄膜取代常用结构，或者用它们将物体与外部环境分隔。

31. 多孔材料原理

让物体变成多孔的，或者加入多孔物体。如果物体已经是多孔的，那么事先往孔里填充某种物质。

32. 颜色改变原理

改变物体或外部介质的颜色和透明度，或者增添某种容易观察的颜色添加剂。

33. 同质性原理

存在相互作用的物体，用相同材料或特性相近的材料制成。

34. 抛弃和再生原理

当部件的作用完成后应当予以剔除，或者重新恢复消耗掉的有用部件。

35. 物理或化学的参数变化原理

改变系统的物理状态、浓度、密度、柔韧程度或体积等。

36. 相变原理

利用相变时发生的现象，如体积改变、吸热或放热等。

37. 热胀冷缩原理

利用材料的热膨胀（或热收缩），或者利用一些热膨胀系数不同的材料。

38. 加速氧化原理

用富氧空气、臭氧代替普通空气。

39. 惰性环境原理

用惰性介质代替普通介质。

40. 复合材料原理

由同种材料转为混合材料。

第四章
创新过程

1. 了解和掌握创新过程的概念；
2. 对不同的创新过程有清晰的认知。

第一节 一般创新过程

一、一般创新过程的概念

创新是对传统的叛逆，是打破常规的哲学，是"大智大勇"的同义。创新是导引递进升华的圣圈，是一种智能拓展，是一种文化底蕴，是一种闪光的震撼，是破旧立新的创造与毁灭的循环，是宏观微照的定式，是点题造势的把握；是跳出"庐山"之外的思路，是超越自我和超越常规的导引，是智能产业神奇组合的经济魔方，是思想库和智囊团的能量释放，是深度情感与理性的思考与实践，是思维碰撞和智慧对接，是创造性的系统工程，是投资未来和创造未来的过程。

创新过程是一个探索性很强和风险很高的控制过程。要高效率地完成一个控制过程，需要具备三个基本要素，即推动过程发展的持续动力、明确而可行的控制目标和灵活有效的控制方法。与之相对应，创新过程的三个基本要素是创新动机、创新敏感和创新方法。创新动机驱动人们主动寻找创新目标，创新敏感使人们能够较快地捕捉到正确的创新目标，创新方法使人们能够高效地实现创新目标，三者有机统一才能构成一个成功的创造过程。

二、案例分析

不断创新，成功就会降临。日本有一家需要高脑力劳动的公司。公司上层发现员工一个个萎靡不振，面色憔悴。经咨询多方专家后，他们采纳了一个最简单而别致的治疗方法——在公司后院中用圆滑光润的 800 个小石子铺成一条石子小道，每天上午和下午分别抽出 15 分钟时间，让员工脱掉鞋在石子小道上随意行走散步。起初，员工们觉得很好笑，更有许多人觉得在众人面前赤足很难为情，但时间一久，人们便发现了它的好处，原来这是极具医学原理的物理疗法，它可起到按摩的作用。一个年轻人看了这则故事，便开始着手进行他的生意。他请专业人士指点，选取了一种略带弹性的塑胶垫，将其截成长方形，然后带着它回到老家。老家的小河滩上全是光洁漂亮的小石子。在石料厂将这些拣选好的小石子一分为二，一粒粒稀疏有致地粘满胶垫，干透后，他先上去反复试验感觉，在修改了好几次后，确定了样品，然后就在家乡批量生产。后来，他又把它们分为好几个规格。产品一生产出来，他便尽快将产品鉴定书等手续一应办齐，然后在一周之内就把能代销的商店全部上了货。将产品送进商店只完成了销售工作的一半，另一半则是要把这些产品送进顾客手里。随后的半个月内，他每天都派人去做免费推介员。商店的代销稳定后，他又开拓了一项上门服务：为大型公司在后院中铺设石子小道；为幼儿园、小学在操场边铺设石子乐园；为家庭装铺室内石子过道、石子浴室地板、石子健身阳台等。一块本不起眼的地方，一经装饰便成了一块小小的乐园。紧接着，他将单一的石子变换为多种多样的材料，如七彩的塑料、珍贵的玉石，以满足不同人士的需要。800 粒小石子就此铺就了一个人的成功之路。

■ 第二节　空间时间维度创新过程

一、实施方案阶段

■ **案例展示**

科研训练计划平台

目前，全国高校针对大学生的科研训练计划平台建设主要是依托教育部实施的国家级大学生创新创业训练计划。大学生创新创业训练计划起源于 2012 年，通过实施国家级大学生创新创业训练计划，促进高等学校转变教育思想观念，改革人才培养模式，强化创新创业能力训练，增强高校学生的创新能力和在创新基础上的创业能力，培养适应创新型国家建设需要的高水平创新人才。根据《教育部财政部关于"十二五"期间实施"高等学校本科教学质量与教学改革工程"的意见》（教高〔2011〕6 号）和《教育部关于批准实施"十二五"期间"高等学校本科教学质量与教学改革工程"2012 年建设项目的通知》（教高函〔2012〕2 号），教育部决定在"十二五"期间实施国家级大学生创新创业训练计划。下面以四川大学的大学生创新创业训练计划开展情况为例做简要介绍。

（一）设立目的

四川大学"大学生创新创业训练计划"的设立目的是深入贯彻落实《教育部关于做好"本科教学工程"国家级大学生创新创业训练计划实施工作的通知》（教高函〔2012〕5 号）精神，全面推进和落实我校"三进"（进课题组、进实验室、进科研兴趣小组和团队）和"三结合"（教学与科研相结合、课程与课题相结合、研究团队与教学团队相结合）。

（二）设立宗旨

以教育部"本科教学工程"的"突出重点、改革创新、继承发展、引领示范"原则为指导，以"问题和项目为核心，探讨和研究为手段"，建立有利于创新人才成长的软硬件环境，营造开拓创新、勇担风险、团结协作、诚实守信、容忍失败的创新创业文化氛围，提高学生的社会责任感、创新精神和创新能力，引导学生正确理解创业与职业生涯发展的关系，实现学业、就业、创业、事业的有机结合。

（三）实施原则

兴趣驱动：鼓励对创新创业有浓厚兴趣的学生大胆设想，小心求证，在导师指导下进行可行性论证，撰写项目申报书，进行项目申报。

自主实践：学生团队由项目负责人牵头，在指导教师的指导下，对项目规划和实施等方面实行自主计划和自主管理。

注重过程：强调项目实施的过程训练，培养学生在创新实践过程中带着问题自主学习的习惯及独立思考、勇于探索、勤于实践、团结协作的精神，鼓励学生在探索实践过程中总结经验教训。

交叉融合：鼓励不同学院、不同专业、不同年级学生共同组队，促进交叉学科人才培养及协作精神培养。鼓励高年级学生作为项目负责人，带动低年级学生参与项目。

（四）具体内容

四川大学"大学生创新创业训练计划"包括创新训练项目、创业训练项目、创业实践项目及科研训练项目四类。

创新训练项目：面向我校本科生个人或团队，在导师指导下，自主完成创新性研究项目设计、研究条件准备、项目实施、研究报告撰写和成果（学术）交流等工作。

创业训练项目：面向我校本科生团队，在导师指导下，团队中每个学生在项目实施过程中扮演一个或多个具体的角色，完成编制商业计划书，开展可行性研究、模拟企业运行、参加企业实践、撰写创业报告等工作。

创业实践项目：面向我校学生团队，在学校导师和企业导师共同指导下，采用前期创新训练项目（或创新性实验）的成果，提出一项具有市场前景的创新性产品或者服务，以此为基础开展创业实践活动。

科研训练项目：面向我校本科生个人或团队，参与教师在研科研课题，在导师指导下，完成分配的科研训练任务，撰写研究报告等，得到学术研究方面的训练。

创新训练、创业训练、创业实践项目设国家级、省级和校级三个级别，科研训练仅设校级项目。各学院根据自身情况自行设立院级项目。

（五）成立校、院两级"大学生创新创业训练计划"组织机构

学校成立由主管教学的校领导为主任，由教务处、人事处、招生就业处、科学技术发展研究院、财务处、实验室及设备管理处、学生工作部、校团委、科技产业集团的主要负责人为副主任，由各学院主管教学的副院长和主管学生工作的副书记为成员的四川大学"大学生创新创业训练计划"管理委员会（以下简称"管理委员会"），主要负责相关政策制度、管理办法的制定及监督落实等；项目实施中重大决策性问题的研究及协调，包括资源平台整合与利用、实验室资源开放共享等，以及经费投入、项目实施、表彰奖励、宣传交流等宏观管理工作。管理委员会办公室设在教务处。

各学院相应成立院级"大学生创新创业训练计划"领导小组，由主管教学的副院长和主管学生工作的副书记任组长，小组成员由学院教学、科研、实验室、学生工作的人员（如系主任、教务秘书、分团委书记等）担任。学院"领导小组"负责根据国家和学校相关文件制定本院的项目实施细则和管理细则，组织和落实本院的"大学生创新创业训练计划"项目的实施和管理。学院组织相关专家教授组成专家委员会，负责对本院项目的立项、中期检查、结题、评优等各个环节的监督和评审（项目负责人所在学院是项目的承担单位）。

学校成立由文、理、工、医等相关学科专家教授组成的四川大学"大学生创新创业训练计划"专家委员会，负责对计划项目进行立项、中期检查、结题和评优审核，对计划项目实施效果进行全程监督和总体评价，对我校的创新创业计划工作提出建议等。

（六）项目申报及评审要求

对创新创业有兴趣的本科生均可参与项目申报，毕业年级的学生原则上不作为项目负责人。

创新训练项目、创业训练项目和科研训练项目均仅限本科生申报；创业实践项目的团队应以在校本科生为主，本科期间曾参与创新训练项目的在读研究生可作为项目组成员参与创业实践项目。申请立项的项目应具有学术价值或应用前景，并具有创新性，同时应进行可行性论证。每个学生最多参与2个项目（作为项目负责人只能申报1项）。项目负责人在研项目未结题时不能作为负责人申报新的项目。一个项目团队限定1名负责人，创新训练、创业训练及科研训练项目组原则上不超过5人，创业实践项目组不超过10人。项目至少有1名具有中级及中级以上职称的指导教师，如聘请校外企事业单位专家担任指导教师，校内也应配备导师负责日常的管理及指导工作。创新训练、创业训练及科研训练项目完成期限原则上为1年，创业实践项目原则上为2年。

（七）项目申报及评审程序

项目申报者（负责人）根据所申报的项目类型在导师指导下选择填写相对应的《四川大学大学生创新训练计划项目申报书》《四川大学大学生创业训练计划项目申报书》《四川大学大学生创业实践计划项目申报书》或《四川大学大学生科研训练计划项目申报书》，向所在学院提交。跨学院组队项目由项目负责人所在学院受理立项申请。

学院初评：各学院组织专家对申报项目组织评审，填写评审意见，对不符合申报类别要求的项目进行调整（如将创业实践调整为创业训练，将创新训练调整为科研训练），对推荐申报校级、省级、国家级项目进行排序。

学院上报：学院填写《四川大学"大学生创新创业训练计划"项目汇总表》，并将项目汇总表、项目申报书和相关支撑材料报教务处。

学校评审：学校组织专家对项目申报材料进行评审，对推荐申报国家级的"大学生创新创业训练计划"项目组织答辩评审，获准立项项目在学校教务处网页上公示一周,对推荐为国家级"大学生创新创业训练计划"的立项项目公示后上报教育部。

(八) 项目运行与中期检查

项目负责人与学校签订《四川大学"大学生创新创业训练计划"项目合同书》。合同书一式三份,项目负责人、项目负责人所在学院、学校三方签字(盖章)后生效。不按时签订合同者按自动放弃处理。

项目组成员在指导教师的指导下,按计划自主开展工作。项目成员应充分利用实践及国际课程周、寒暑假、周末等时间实施项目,同时做好项目工作记录和经费使用记录,指导教师根据项目计划和实施进展情况及时给予指导。

学校、学院对项目进展进行跟踪管理,定期检查与随机抽查相结合。学院按时举行中期检查,项目负责人向学院提交《四川大学"大学生创新创业训练计划"项目中期检查报告》,学院组织专家审查项目原始数据、实验报告(调查报告、项目进展报告)和经费使用情况,对项目进展做出评审意见。

中期检查结果分为按期完成、限期整改、终止三类。学校根据项目中期检查结果和项目进展情况,决定是否进一步资助。限期整改项目整改合格后,才能继续实施,如仍不合格,作终止处理。对出现抄袭剽窃、弄虚作假、违规使用经费等情况,将立即终止项目实施,收回剩余经费,并追究相关人员的责任。

学校、学院通过多种形式组织创新创业训练项目经验交流,不断完善各项管理工作。

(九) 项目结题验收与评优

项目完成后项目负责人填写《四川大学"大学生创新创业训练计划"项目结题申请书》,经指导教师签署意见,向学院提交项目总结报告和相关材料,包括项目经费使用记录本等。

学院组织专家审议结题报告和相关成果等材料,并组织答辩或书面评审。验收结果分为优秀、良好、合格、延期、终止五类。学院对结题项目的总体情况进行总结,并将项目评审意见、项目结题申请资料及时报学校审查。学校"管理委员会"组织专家,对申请结题的项目进行复评,通过评审的项目由学校"管理委员会"审批后即可结题。

被验收项目存在下列情况之一者,不予通过:提供的验收文件、资料、数据不真实、不完整;出现抄袭、剽窃等学术不端行为;无故未完成预期目标;擅自改变项目主体研究内容和研究方向。学院按照学校标准推荐优秀项目，学校组织专家根据项目结题材料评选优秀项目并向项目组成员及指导教师颁发优秀证书。优秀项目需符合下列条件：按时结题完成预期目标，项目工作记录认真、项目经费使用合理、学院总体结题评价达优，项目取得一定成效（如发表学术论文、获得专利等），项目组参加国际国内学术会议或交流等。

（十）检查与评价

学校对各学院实施的大学生创新创业训练计划情况进行总体监督和评估，每年组织一次年度检查，并对计划项目实施情况进行综合评价。对综合评价排名靠前的学院，下一年度项目指标分配予以倾斜。"大学生创新创业训练计划"项目成果受益主体为四川大学。

（十一）指导教师遴选与管理

担任"大学生创新创业训练计划"项目的指导教师原则上须有中级或中级以上职称，责任心强、学术水平高、作风正派、治学严谨。每位指导教师原则上指导项目数不超过6个。各学院可根据项目需要成立跨学科指导教师团队及校企联合指导团队。创业实践训练项目要求由学校导师和企业导师共同指导，企业导师应对相关行业了解深入、责任心强、对企业管理运营等方面熟悉、从业经验和经历丰富，原则上须具有中级或中级以上技术职称或相应职称。

指导教师有责任监督指导学生按时保质保量完成项目，取得预期成果。要认真履行指导职责，加强过程指导；认真审查和指导项目组的立项申请、中期检查报告、结题报告等材料；严格审查实验原始数据和项目报告，定期组织学生讨论和交流，鼓励和指导优秀学生发表文章、作品；加强对项目经费的预算、使用等管理。要加强指导学生的管理，对出现不认真参与项目、违规使用经费、弄虚作假、违反实验室安全纪律及其他违规违纪行为的学生要及时批评、制止及处理；指导教师在项目进行过程中如有长期出差（出国）或其他重大事务等导致无法继续指导，应及时向学院、学校汇报，学院应及时妥善解决项目指导问题。

（十二）经费资助与管理

教育部将对国家级创新创业训练计划项目进行资助。学校对国家级项目按照不低于1：1的比例投入总体配套经费，对校级项目按照各项目的项目类别和学科特点、内容及水平进行分档次资助。各学院设立的院级项目，项目经费标准由学院自行设置。

学校依据《财政部 教育部关于印发〈高等学校本科教学质量与教学改革工程专项资金管理暂行办法〉的通知》（财教〔2007〕376号）等相关文件制定了《四川大学

"大学生创新创业训练计划"经费管理办法》。各学院应按照《四川大学"大学生创新创业训练计划"经费管理办法》相关规定，对项目经费实行专人全程严格管理，保证经费使用科学、合理、高效。四川大学"大学生创新创业训练计划"项目经费参考标准如表4-1所示。

表4-1 项目经费参考标准　　　　　　　　　　单位：元

类别层次	创新训练计划			
	科学探索类/工程技术类	人文技术类/社会科学类	创新训练类	创新实践计划
国家级	10 000~12 000	8 000~10 000	8 000~10 000	50 000
省级	6 000~8 000	4 000~6 000	4 000~6 000	20 000
校级	3 000	2 000	2 000	10 000

（十三）条件保障

鼓励校内研究生导师担任"大学生创新创业训练计划"的导师，积极聘请知名企业的管理、技术人员等企业导师指导学生创业训练和实践，为创新创业计划提供师资保障。充分整合和利用全校科研教学实验仪器设备资源，加强开放共享及规范管理，向学生提供更多的高质量的实验平台，为创新创业训练计划项目提供进一步的条件支撑。学校科技产业集团、"大学生创新创业园"应积极承担大学生创新创业训练任务，为参与计划的学生提供技术、场地、政策、管理等方面的支持；特别要大力支持大学生创业实践计划团队，积极提供创业孵化服务。学校在夏季学期安排"实践及国际课程周"，用2~4周的时间专门集中进行创新创业训练、实习实践等创新实践教学环节。学校通过创新教育学分制度促进学生参与创新创业训练计划。

建立创新创业训练计划相关网站，成立创新创业学术社团，定期举办"四川大学创新创业论坛"。通过网上交流及宣传，优秀项目宣讲会、交流会、研讨会和创新创业成果展示等方式，搭建交流平台，营造创新创业氛围，宣传创新创业成果，弘扬创新创业文化，使创新创业成为我校学生学习生活的重要组成部分。

（十四）激励机制

设立四川大学"大学生创新创业训练计划"优秀项目奖，对优秀项目进行表彰与奖励：学校每年举办"四川大学创新创业论坛"，对各学院推荐的优秀项目成果进行展示，并评选优秀项目及成果代表学校参加全国创新论坛。学校设立四川大学"大学生创新创业训练计划"优秀指导教师奖，评选优秀指导教师，并进行表彰与奖励。

学校设立四川大学"大学生创新创业调统计划"优秀组织奖，对组织得力且效果显著的学院（单位）给予表彰与奖励。创新创业训练计划项目的组织及开展情况纳入对学院工作的考核指标之一。

学生完成"四川大学大学生创新创业训练计划"项目及发表文章、作品等成果可申请创新教育学分，并作为评优评奖、推免研究生等的重要参考，项目成果经学院审核后可认定为"创新创业论文"，并可申报优秀毕业论文。

学校为指导创新创业项目的企业导师颁发聘书。

二、回顾总结阶段

科技创新活动的发展思路

加快高校科技创新活动的实施与发展应明确以下思路：

一是"第一课堂"与"第二课堂"相结合。"第一课堂"注重理论知识的传授，虽有相关课程实验，但相对较少，且大部分是命题式的，对提升学生创新思维能力的效果有限。"第二课堂"是指课堂讲授以外的课外实践活动等，其特点是开放性强，学生有更大的自由选择空间，可有效促进学生创新能力的培养。在学生科技创新教育中，高校要注重"第一课堂"与"第二课堂"的结合，充分发挥两者的互补作用，做到有效衔接。高校应改革传统考试形式，采用"第一课堂"理论考试与"第二课堂"创新活动考核相结合的形式，避免理论与实践脱节，强化对学生创新实践能力的培养。

二是普及与提升相结合。科技创新活动不但是培养学生创新思维的重要方式，而且是挖掘科技型创新人才的有效手段之一。因此，在大学生科技创新教育中，高校要处理好普及与提高的关系，在积极引导学生参加更高级别科技竞赛的同时开展普及性的科技活动。一方面，面向全体学生开展科技学术讲座，组织学生参观实验室、创业沙龙，激发学生的创新意识和创新兴趣；另一方面，注重从院、校级科技竞赛活动中发现科技新苗，通过重点培育孵化的形式鼓励学生积极参加省级和国家级的科技竞赛，为培养科技创新拔尖人才奠定基础。

三是校内与校外相结合。理论指导实践，实践检验理论。在学生的科技创新教育活动中，校内教育引导与校外生产实践缺一不可，二者相辅相成，相互促进。高校可通过"走出去、请进来"的办法，为学生创新实践能力的培养搭建平台、创造条件。一方面，高校可以在企事业单位建立大学生科技创新实践基地，利用假期组织学生到基地开展社会实践活动，让学生在实践中检验所学理论知识的同时，为开展科技创新活动获取第一手资料；另一方面，高校可以聘请企业专家担任学生创新创业导师。

四是指导与激励相结合。一方面，教师是学生创新实践活动的主要引导者，有效的指导不但可以避免学生创新实践活动偏离正确方向，而且可以大幅提升创新成果的水平。因此，学校应加强学生科技创新指导教师队伍的建设，建立指导教师激励机制，鼓励教师积极参与学生科技创新活动。另一方面，高校可以通过设立大学生创新基金，对申请获得批准的项目给予资助，支持学生开展科技创新活动，为学生提供资金保障，激励学生更加积极地参与科技创新活动。指导与激励相结合，既保证了学生创新活动的高效性与正确性，又提高了学生创新活动的可行性与积极性，具有非常重要的意义。

五是科技与人文相结合。人文学科有助于开阔视野，形成全局性思维；有助于养成批判意识，摆脱传统规范的束缚；有助于培养宽泛广博、触类旁通、交融互补的综合性思维，特别是有助于培养人的想象力。因此，高校在创新人才培养中，不能只注重学生科学素养的培养，还要注重学生人文素质的提高，加强对学生文化艺术的熏陶。高校应在举办各类科技创新活动中统筹安排文化艺术类活动或报告，加强学生的人文素质教育，促进学生科学素养和人文素质的同步提升，为学生的科技创新活动提供新动力。

■ 第三节 融合创新

一、融合创新的概念及背景

融合创新是将各种创新要素通过创造性的融合，使各创新要素之间互补匹配，从而使创新系统的整体功能发生质的飞跃，形成独特的，不可复制、不可超越的创新能力和核心竞争力。融合创新的内涵由六个维度构成，即"产品创新""服务创新""业务流程创新""业务模式创新""管理创新"以及"制度创新"。企业要以创新为基石，不断地开发新产品，通过令客户满意的服务，让产品真正被客户认可。完善的业务模式和业务流程使整个体系达到最优的状态，不断更新管理和制度，适应政策与社会的变化。这样多维度的创新才是一个企业真正需要的创新。从产品与服务创新来看，不断涌现的新技术促使大大小小的企业能迅速开发出新产品，企业进一步将产品和服务整合成为有力的创新的统一体，从而拉大企业之间的差异性并提升客户的忠诚度。新技术的融合、产品种类的丰富以及产品生命周期的缩短促使产品和服务的创新成为企业争夺市场领导权的至关重要的驱动力。从业务模式及业务流程来看，模式和流程的改变已经给企业运营带来了巨大变化，越来越多的竞争将在模式和业务流程层面展开。业务模式和流程的创新不仅能够节约成本、提高生产效率，还能够带来更多的收入。因此，所选择的业务模式将对企业战略的成败产生决定性影响。从管理及制度创新来看，创新的动力来自各个方面，有的来自市场驱动，有的则由管理和制度自我驱动。只有真正将创新融入企业的灵魂，才是企业持续创造价值的成功之道。

二、融合创新基本过程

创新精神是企业家精神的核心，是企业家的基本职能，没有创新精神，就没有企业的生存和发展。熊彼特关于企业家是从事"创造性破坏"的创新者观点，凸显了企业家精神的实质和特征。一个企业最大的隐患，就是创新精神的消亡。

（一）把握商机，创办企业需要创新精神

创办企业，首先要分析市场，寻找创业商机，这就要求创业者必须具有创新思维。美国人李维斯看到采矿工人工作时跪在地上，裤子膝盖部分特别容易磨破，于是他灵机一动，把矿区里废旧的帆布帐篷收集起来，洗干净重新加工成裤子，"牛仔裤"就这样诞生了，而且风靡全球。李维斯将问题当作机会，最终实现了致富梦想。创业商机的来源主要有以下五个方面，都体现出了创新精神的重要性。

1. 问题

企业的根本是满足消费者需求，而消费者需求没有得到满足就是问题。寻找创业机会的重要途径，就是善于去发现和体会自己和他人在需求方面的问题或生活中的难处。比如，有一位大学生发现学生放假时有交通难问题，于是创办了一家客运公司，专做大学生的生意，这就是把问题转化为创业机会的成功案例。

2. 变化

管理大师彼得·德鲁克将创业者定义为那些能"寻找变化并积极反应，把这些变化当作机会充分利用的人"。产业结构变动、消费结构升级、城市化加速、人们观念改变、政府改革、人口结构变动、居民收入水平提高、全球化趋势等都是变化，其中都蕴藏着大量的商机，关键要善于发现和利用。比如，随着居民收入水平提高，私人轿车的拥有量将不断增加，这就会派生出汽车销售、修理、配件、清洁、装潢、二手车交易、陪驾等诸多创业机会。

3. 竞争

商场竞争非常残酷，但这既是挑战，也是机会。如果你看出了同行业竞争对手的问题，并能弥补竞争对手的缺陷和不足，这就将成为你的创业机会。因此，平时做个有心人，多了解周围竞争对手的情况，看看自己能否做得更好，能否提供更优质的产

品，能否提供更周全的服务。如果可以，你也许就找到了创业机会。

4. 创造发明

创造发明提供了新产品、新服务，能更好地满足消费者需求，同时也带来了一系列的创业机会。比如，随着电脑的诞生，电脑维修、软件开发、电脑操作培训、图文制作、信息服务、网上开店等创业机会随之而来。即便你不是发明创造者，也能从销售和推广新产品中获利。

5. 新知识、新技术

知识经济的一个重要特征，就是信息爆炸，技术不断更新换代，这些都蕴藏着大量商机。比如，随着健康知识的普及和技术的进步，仅仅日常的饮水问题就带来了不少创业机会，各种净化水技术派生出诸多的饮用水产品和相应的饮用水供应站，不少创业者通过加盟净化水公司走上创业之路。

（二）应对市场，发展企业需要创新精神

创新包括管理创新、技术创新、制度创新等。没有创新，对一个企业是非常危险的致命信号。西方企业界流行一句话："不创新，即死亡。"在 IT 业界，比尔·盖茨可谓是一个很有争议的人物，很多人都指责微软的垄断行为破坏了市场上的公平竞争，甚至有人认为微软的成就更多是建立在他人的研究成果之上。然而不论如何，比尔·盖茨都是一个伟大的创新者，因为除他以外没有任何一个人能在个人电脑发展历史上留下如此深刻的印记。创新一直是盖茨和微软的主旋律。

案例分析

2006 年 7 月 4 日，《深圳特区报》发表了对腾讯事业缔造者马化腾的专访。1993 年，马化腾深圳大学电子系计算机专业毕业后，进入深圳润迅公司做软件工程师，当许多技术人员写软件相互攀比时，他则希望自己写的东西能被更多的人应用，愿意扮演一个将技术推向市场的小角色。实用软件概念培养了马化腾敏锐的市场感觉，1998 年 11 月，一直想独立创业的马化腾与同学张志东合作创办腾讯计算机有限公司，创新性地把 QQ 放在互联网上供用户免费使用，不到一年的时间里，就发展了 500 万用户。在发现 QQ 形象备受网民欢迎后，马化腾又把 QQ 企鹅授权做成实实在在的商品，腾讯成为唯一把互联网虚拟产品成功发展为线下实际商品的互联网企业。MSN 进入中国给 QQ 带来了挑战，对此，腾讯确立了"一切以用户价值为依归，发展安全健康活跃平台"的战略，不断强调创新理念，在营运和服务上丰富和

提高用户体验。在 QQ 秀、QQ 游戏、QQ 交友等产品成功地与即时通信结合之后，QQ 宠物、自定义表情、QQ 高级群等许多丰富化的娱乐增值功能也相继面市，并得到了网友的极大认可。今天，数量众多的电脑右下角都会活跃着一只小企鹅，它丰富了人类传统的交流空间，让所有人都能跨越年龄、性别、种族，畅所欲言，成为影响了中国一代年轻人的沟通方式。腾讯的诞生和发展壮大，让我们看到了创新在这个"企鹅王国"发展中的核心作用。

第五章
大学生创业

学习目标

1. 了解大学生创业的含义和特征；
2. 了解大学生创业与就业的关系；
3. 了解大学生创业者应具备的素质与能力；
4. 掌握大学生创业需要做好哪些准备。

第一节 大学生创业概述

一、大学生创业的含义

所谓大学生创业，是指大学生在学习期间创办事业或毕业以后不选择就业而直接创办事业，是大学生积极融入社会、主动参与社会竞争的一种方式。

大学生创业群体主要由在校大学生和毕业生组成。大学生自主创业是当今时代的一个热门话题，大学生创业现象在大学校园里屡见不鲜。近几年，随着我国大学生就业压力的增大，以及国家出台许多政策鼓励大学生创业，一部分大学生通过创业的形式实现就业，取得了良好的社会效益和经济效益。大学生创业形式丰富，有的是服务型创业，有的是科技型创业，可谓五花八门，应有尽有。大学生有较多的理论知识，有创新精神，敢于尝试新鲜事物，敢于否定传统观念，对未来充满希望，朝气蓬勃，这些都是他们的创业优势。在创建创新型社会的新形势下，鼓励全民创业，特别是鼓励大学生创业引领了一种新的就业潮流，为那些有理想、有胆识的大学生开辟了一条择业新路。这不但要求大学生能结合专业特长，根据市场前景和社会需求创造出有竞争力的新技术、新产品和新服务，而且要直接面向市场、面向社会，在为社会创造价值的同时，使自我价值也得到充分体现。大学生创业也逐渐被社会所承认和接受。

二、大学生创业的特征

（一）创业主体年轻化

大学生创业者是知识型创业者中最具特殊性的一群人。他们年轻，有激情，接受新知识的能力很强，充满活力，敢于挑战，这也是大学生创业受到全社会高度重视和支持的一个重要原因。目前，我国的大学生创业者人数越来越多，覆盖面越来越广，不仅包括本科生，还包括专科生、研究生、博士生等，有的已经毕业，有的还未毕业。大学生创业基本上是以团体为单位，而团队成员也基本上是在校或已毕业的大学生，他们往往志同道合，有共同的理想，易于沟通，这也极大地提高了大学生创业的成功率。

（二）大学生创业项目依托本专业

大学生创业很大程度上依靠的是所学的专业技能。从我国大学生的创业实践来看，有相当多的大学生创业与自己的专业密切相关。例如，电子商务类专业学生从事电子商务，农学院学生从事农业领域类创业等。从我国大学生创业计划竞赛的参赛作品来看，大学生的创业作品涵盖网络、电子信息、机电一体化、生物医药、环境科学、农林和服务行业等几大类。依托互联网技术开创网店等创业是当前大学生进行创业的热点。大学生在创业初期往往是以学校为依托，以专业知识为基础，他们在学习和生活过程中，通过师生交流活动、社会实践、顶岗实习等多渠道，容易发现创业机会和自己的兴趣所在，进而引发创业思考，形成创业思想，产生创业行为。

（三）大学生创业资金的主要来源是自筹资金和小额创业贷款

创业需要一定的资金投入，大学生创业也不例外。由于大学生往往比较缺乏社会经验，新创企业的管理经验也不足，还有一些社会环境导致大学生获得风险投资的概率不是很高，所以通过家人、朋友自筹资金，是大学生创业者的主要选择之一。国内某权威大学生就业调查机构发布的调查报告显示，本科大学生毕业的创业资金近八成来自个人和家庭的资金。

非常可喜的是，现在为创业者提供小额创业担保贷款，这是国家鼓励创业的主要政策之一。对于大学毕业自主创业，除了国家的扶持政策，各地也有一些相关的扶持优惠政策，以鼓励大学毕业生自主创业。对创业感兴趣或有创业政策方面的疑问，可以去当地就业网关注最新优惠扶持信息。

（四）大学生创业起点相对较高，风险大

在创业实践中，大学生由于受过高等教育，在创业时起点往往较高。很多人选择了具有一定技术含量的项目，他们通过研发具有一定科技含量的产品来满足市场的需要，一旦销量达到一定的数目，利润回报将相对丰厚。如果这些企业能够发展壮大，必将产生深远的影响。但高技术含量的创业往往需要投入大量人力、物力和财力，大学生对市场运作方面可能还比较生疏，因此这类创业也存在极大的风险。

三、大学生创业的优势和劣势

作为一个特殊的群体，大学生在创业上既有一定的优势，也存在明显的劣势。

（一）优势

（1）对大学生创业者来说，他们年纪轻，精力旺盛，对未来充满希望，勇于接受挑战，有"初生牛犊不怕虎"的精神，这些特质是一个创业者应该具备的基本条件和素质。因此，对整个社会而言，应多给予这些创业的大学生关爱，保护他们的创业热情。

（2）大学生具有高等教育的背景，对事物较有领悟力，自主学习知识的能力强，接受新鲜事物快，许多大学生还成为潮流的引领者。在学校里，大学生学到了很多理论性的东西，如果将这些理论知识运用于创业实践，就很容易获得成功。这也是相对其他创业者而言，大学生创业更加容易获得社会支持的一个重要原因。

（3）从大学生素质的角度来看，拥有较高文化水平、学习能力强、头脑灵活，是他们"不同凡响"的一个要素。虽然许多大学生创业者都面临没资金、没经验等客观问题，但从小到大培养起来的学习能力、思考和解决问题的能力，甚至他们与大学教授和大学生同学建立的人脉关系，都有利于他们解决创业中的问题。另外，很重要的一点是，大学生不仅会学而且好学，多年的求学经历使他们乐于接受新鲜事物，对于市场上出现的新兴事物能够快速接受并消化，从而快步跟上市场的需求，找到并满足市场商机。

（4）现代大学生普遍有创新精神，他们视野开阔，不甘心过平凡的生活，有对传统观念和传统行业挑战的信心和欲望，而这种创新精神就成为大学生创业的动力源泉。创业要获得成功，必须有敏锐的市场观察力，必须深入了解消费者，确保自己的

产品和服务相对竞争者而言更加受到消费者的青睐和欲望。要取得更多的竞争优势，可以选择比别人提供更好的产品或服务，或者可以增加更多的用户体验等，这些举措都需要创业者具有非凡的想象力和创新精神。大学生的创新精神对创业来说至关重要。

（5）大学生信息技术运用能力强，能够通过互联网获得许多信息。从当前我国大学生创业实践来看，大学生利用互联网技术创业的比例越来越大，由于他们懂互联网技术，因此在创业中相对其他创业者来说更容易上手，同时也更方便获得市场信息，这些都有助于大学生发现市场机会并做出正确的决策。

（6）受过高等教育的大学生思想活跃，他们讲诚信、讲职业操守，这些确保了大学生在创业时比较容易找到志同道合的人，共同组建一个结构合理的创业团队。这个创业团队因为有共同的理想和抱负，团队的凝聚力往往非常强。

（二）劣势

（1）大学生社会经验不足，缺乏与人沟通的技巧，往往使大学生创业者遇到"拦路虎"。有些大学生创业者常常盲目乐观，面对创业失败没有充足的心理准备，心理承受能力差，遇到挫折就放弃，甚至有的大学生在前期听到创业艰难，没有尝试就轻易放弃了。

（2）大多数大学生局限于本专业学习，缺乏运营、管理、财务、税法和市场营销等方面的知识，这些已成为影响大学生成功创业的重要因素。大学生虽然掌握了一定的书本知识，但终究缺乏必要的企业经营管理经验。不少创业的大学生有核心的技术、独特的创意，在有了启动资金、合作伙伴后，第一阶段的运营基本可以正常运转，但随着业务量的增多、团队的扩大，可能会在人事、财务、物资等方面出现问题。由于在学校从未有过处理这些事情的经验，不少大学生创业团队在面对这些问题时显得手足无措，甚至导致创业半途而废。

（3）大学生创业资源比较少，融资能力比较弱。纵观我国的大学生创业实践，大学生创业者面临的融资难主要体现在集资途径少、集资数额小，他们的钱大多来自父母，而父母的钱一般也只够完成学业。这也导致了大学生创业的人数不够，因为就算他们具备创业成功的条件，也常常因为没钱而无法创业，无形中也造成了创业难以成功。国家虽然也为大学生提供贷款，但数额少，杯水车薪，难以满足大学生创业的资金需求。目前我国的创业投资机制还不是很健全，融资渠道不仅少而且不够畅通。对于许多大学毕业生来说，缺少资本和信用记录，没有固定资产或抵押品，很难从银行获得贷款；同时，他们对政府相关扶持政策等了解不多，对创业资源的整合能力也有待提高。

（4）大学生的市场观念较为淡薄，对创业的理解往往停留在一个点子或是几个人的突发奇想，如何将这些想法转化为现实的商业计划常常被忽略，谈到目标市场定位与营销手段组合这些重要方面，则全然没有概念。其实，在创业实践中，投资人不只看重创业计划技术含量有多高或者在多大程度上是不可复制的，更重要的是看产品的市场营利的潜力有多大，能否比竞争者更有效地给予消费者满意。

四、影响大学生创业成功的因素

在创业实践中，影响大学生创业成功的因素是多方面的。综合来看，影响大学生创业成功的因素可以分为三个层面：个体层面、群体层面和社会层面（图5-1）。创业过程中每个阶段的成败都会受到这三个层面因素的影响，创业过程也可能因为任何一个阶段出现问题而终止。

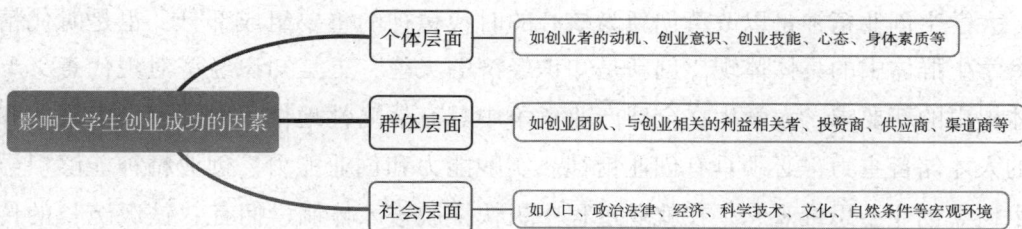

图 5-1　影响大学生创业成功的因素

五、鼓励大学生创业的重要意义

目前，我国大力支持大学生创业，各高校顺应社会发展要求，通过各种途径来培养大学生的创业能力，为大学生创业提供了多方位的支持，取得了巨大的成绩。大学生的创业热情被点燃，更积极和主动地进行创业，创业成功率也大幅度提高。大学生创业对国家、社会和个人都具有重要意义。

（一）缓解大学生就业压力

大学生创业有利于解决大学生就业难的问题。创业能力是一个人在创业实践活动中的自我生存、自我发展的能力，一个创业能力很强的大学毕业生不但不会成为社会的就业压力，相反还能通过自主创业来增加就业岗位，缓解社会的就业压力。因此，自主创业应作为未来的就业途径之一，它将开辟新的就业渠道，在解决自身就业的同时也能为社会创造新的就业机会，有利于缓解国家的就业压力。实践证明，大学生创业对带动整个社会就业的效果非常明显。

（二）增强大学生实践动手能力，培育积极的人生态度，树立正确的人生目标

大学生就业市场的竞争日益激烈，用人单位招聘大学生，既要看其是否有理论知识，还要看其是否有实践经验，实践能力的高低成为用人单位选贤任能的重要标准之一。学生可以通过自主创业这一平台提高自己的实践能力，积累更多的实践经验以及社会经验，提前为今后进入好公司打好基础。大学生创业，一方面可以使大学生较早接触社会，进入社会，对社会中层出不穷的现象有直接认识甚至面对的机会，进而在长期的适应过程中做到处之泰然；另一方面可以培养大学生积极、乐观、刚强的性格，为大学生面对未来漫长的人生道路树立正确的人生态度。

（三）培养大学生创业精神

大学生创业精神是以改革创新为核心的时代精神的重要组成部分，也是时代精神在大学生群体中的具体体现。创新是知识经济的灵魂，更是知识经济对现代意义上的人才提出的新要求。大学生在全球产业竞争中具有战略性地位，大学生作为现代和未来的人才储备主力，必须具有创业精神、实践能力和创业能力。创业精神能够引导大学生树立创业型思维观念，在就业过程中更快摆脱进入体制、拥有"铁饭碗"的传统思维，在工作岗位上勇于创新、实干，充分利用资源开创新的事业。这不仅能为社会创造更多的就业岗位，还能提高全社会的生产效益。

■ 第二节　大学生创业者的素质及能力培养

一、大学生创业应该具备的素质与能力

创业者素质是指创业者在创业过程中所表现出来的自身独特的品质和能力的总和，并随着创业过程的深入而不断提高和逐步完善。创业者的素质在一定程度上决定了创业企业的成败。创业是极具挑战性的社会活动，是对创业者自身智慧、能力、气魄、胆识的全方位考验。大学生要想获得创业成功，必须具备基本的创业素质与能力，具体而言，主要有以下几个方面：

（一）强烈的创业欲望

从创业实践来看，无论创业者从事的是何种类型的创业，都有着共同的特质——

强烈的创业欲望。创业者的欲望与普通人的欲望不同之处在于：创业者的欲望往往超出他们的现实，而且他们的欲望和付出的努力相互作用——欲望越强烈，付出的努力越多；越努力，实现的目标也越高。这个互相作用的过程，使创业者有较高的进取精神。

（二）良好的创业心理品质和乐观的心态

良好的创业心理品质主要体现在人的独立性、敢为性、坚韧性、克制性、适应性、合作性等方面，反映了创业者的意志和情感。创业能否成功在很大程度上取决于创业者的创业心理品质。

成功的创业者都具有非常乐观、自信的心态。他们为了生活更幸福，产生了强烈的奋斗欲望，学会了控制自己的情绪，使自己的心情变得开朗、积极向上；遇到挫折时，能够不惧怕，并坦然面对，通过不断变换思考的方式和角度，在失败中不断总结，以增加下一次成功的机会，从而产生坚定的信念。

创业之路往往是充满艰险与曲折的，自主创业就等于是一个人去面对变化莫测的激烈竞争以及随时可能出现的需要迅速、正确解决的问题和矛盾，这需要创业者具有非常强的心理调控能力，能够持续保持一种积极、沉稳的心态，即有良好的创业心理品质。

（三）自信、自强、自主、自立的创业精神

自信是对自身力量的确信，深信自己一定能做成某件事，实现所追求的目标。自信能赋予人主动、积极的人生态度和进取精神。作为创业者，首先要相信自己有能力、有条件开创未来的事业，相信自己有能力主宰自己的命运，成为创业的成功者。

自强是对困难的蔑视、对挫折的回应、对成功的向往和渴望，是在自信的基础上，勇于面对挫折和困难，敢于创新、敢于实践，在实践中不断增长自己各方面的能力与才干，让自己成为生活与事业的强者。

自主就是具有独立的人格，具有独立思维能力。自立的一个重要表现是独立生活，要独立生活，就要做到自己的事情自己负责，自己的事情自己负责的前提是要自主。自主不仅是一种权利，更是一种能力。创业者要不受外部环境的影响，独立地选择适合自己的道路，善于设计和规划自己的未来，并积极采取相应的行动。

自立是指创业者要凭借自己的头脑和双手，凭借自己的智慧和才能，勇于承担责任，为干出一番事业、为自己美好的生活不懈努力与追求。

（四）市场竞争意识

对创业者来说，创业之初，面对的是一个充满挑战和机会的市场竞争环境。竞争

环境是企业生存与发展的外部环境，对企业的发展至关重要。竞争环境的变化不断产生威胁，也不断产生机会。对创业者来说，敏锐地发现竞争环境的变化，规避市场威胁，抓住市场机会，成为创业成功的关键因素。目前，我国的市场竞争环境——行业结构、竞争格局、消费者需求、科技发展、全球化战略等都发生了急剧的变化，影响企业经营的不确定性因素增加。任何创业者都必须时刻关注环境的变化，才能趋利避害。对创业者而言，必须树立市场竞争意识，敢于竞争，善于竞争，才能取得事业上的成功。

（五）良好的思想道德素质

思想道德素质是大学生创业者创业成功的必备条件。现代社会创业的特点是"相互依存"，完全依靠个人的力量是难以成功的，只有通过真诚的合作才能得到真正的利益。从古至今，事业上的成功者，尤其是成功的商界人士，都特别注重自己的思想道德修养。这并不是要求创业者只能奉献而不能索取，而是指创业者对待广大消费者和社会的态度要真诚，要讲求诚信。在当今社会，众多商家早已把消费者当作"上帝"，目的就是在为消费者创造最大价值的同时给自己带来最大的利润。卖方市场中，有的商人唯利是图，挖空心思以次充好、牟取暴利，以至于最终落得身败名裂的下场；买方市场中，作为卖方，绝不能有愚弄消费者的想法，应以优质的产品、真诚的服务赢得消费者的青睐。谁能为消费者带来更多的便利、创造更多的价值，谁就能在商场上立于不败之地。创业者在选择创业机构时，在公司运作经营时，不能将心思全部用在如何赚钱上，而应思考自己所创立的事业是否能给众多的人带来更多的幸福和便利，因为创业者只有在实现社会价值时才能实现自身价值。

（六）良好的身体素质

良好的身体素质是创业者进行创业的首要条件。创业的初期是艰难的，没有一个好的身体素质很难做好每件事。创业者只有具备健康的体魄和充沛的精力，才能适应新创企业外部协调和内部管理的繁重工作。创业和经营是艰苦而复杂的，特别是创业之初，受资金、环境等各方面条件的限制，许多事务都需要创业者亲力亲为，创业者每天都要面临许多新挑战、新困难、新问题，他们要不断思考来改进经营，加上工作时间长、风险与压力大，若无充沛的体力，必然力不从心，创业也将成为难以承受之重。

（七）出色的创业能力

创业者的能力是指创业者解决创业过程中及新创企业成长过程中遇到的各种复杂

问题的本领，是创业者基本素质的外在表现，也是创业者整体素质体系中的核心要素。从实践的角度来看，创业能力表现为创业者把知识和经验有机结合起来并用于创业管理的过程，具体包括开拓创新、善于学习、组织管理、机会识别、整合资源、风险决策、敏锐的政治观察力及准确的市场判断力等方面的能力。下面介绍创业能力中最重要的几项能力。

1. 决策能力

决策能力是根据既定目标认识现状、预测未来、决定最优行动方案的能力，是管理者的素质、知识结构、对困难的承受力、思维方式、判断能力和创新精神等在决策方面的综合表现。大学生要创业，首先要在众多的创业目标及方向中进行分析和比较，选择最适合发挥自己特长与优势的创业方向、途径和方法。

为了培养自己的决策能力，大学生创业者可以从以下几个方面着手：

（1）拓宽知识面。既要掌握社会科学、管理科学和自然科学的一般知识，又要掌握一定的交叉性、综合性学科的最新知识，这是进行科学决策最重要的依靠。

（2）了解我国的政策和法律环境。既要较全面地了解党和国家的大政方针及政治、经济、社会发展等一般情况，又必须掌握马克思主义基本原理，懂得社会发展客观规律，有战略眼光，只有这样，才能在决策上不犯方向性和脱离实际的错误。

（3）培养创新精神。把创新的热情与科学求实的态度结合起来，学习中要敢于质疑，培养求异思维，不迷信书本，不墨守成规，敢于坚持真理，唯实不唯上。

（4）养成虚心求教的精神。在创业过程中，要学会倾听消费者、经销商、生产厂家、竞争者、学者、专家的意见和建议，虚心求教，了解的信息越多，决策也就越科学和合理。

2. 经营管理能力

创办一个企业，不懂经营管理是非常致命的，对创业者来说，经营管理能力的培养贯穿创业全过程。经营管理能力是指对人员、资金的管理能力，涉及人员的选择、任用、组合和优化，还涉及资金的聚焦、核算、分配、使用、流动。经营管理能力是一种较高层次的综合能力，是运筹性能力。经营管理能力的形成要从以下几个方面去努力：

（1）学会经营。创业者一旦确定了创业目标，就要组织实施。为了在激烈的市场竞争中取得优势，创业者要学会根据企业的资源状况和所处的市场竞争环境，对企业长期发展进行战略性规划和部署，制定企业的远景目标和方针，在此基础上制定各种经营策略，确保企业能够健康快速成长。

（2）善于管理。一个组织要有成效，必须使组织中的各个部门、各个单位甚至各个人的活动同步，组织中人力、物力和财力的配备也同样要同步，只有这样，才能均衡地达到多元的组织目标。在创业过程中，人、财、物的组织与计划问题，对人进行领导和激励的问题等自始至终客观存在，在经营管理时，对创业活动中人、物、资金、场地、时间的使用，都要选择最佳方案运作，做到不闲人员和资金、不空设备和场地、不浪费原料和材料，使创业活动有条不紊地运转。此外，还要敢于负责，创业者要对企业、员工、消费者及整个社会都抱有高度的责任感。

（3）懂得用人。市场经济竞争最主要的是人才的竞争，谁拥有人才，谁就拥有市场、拥有未来。创业者要学会用人。首先，必须提高自身的能力和素质，懂得与人交往的艺术；其次，必须掌握用才之道，知道怎样识才、怎样用才、怎样留才；最后，还必须善于挖掘员工的潜力，给予员工必要的心理帮助，使员工发自内心地热爱自己的工作。一个创业者不吸纳德才兼备、志同道合的人共创事业，创业就难以成功。因此，必须学会用人，要善于吸纳比自己强或有某种专长的人共同创业。

（4）学会理财。创业者在创业时，往往需要大量的资金投入，如果不学会理财，容易造成创业半途而废。要学会理财，首先要学会开源节流。开源就是拓展财源，在创业过程中除了抓好主要项目创收外，还要注意广辟资金来源；节流就是节省不必要的开支，尤其是在创业初期，要树立节约每一滴水、每一度电的思想，切不可花钱大手大脚。其次，要学会管理资金。一是要把握好资金的预决算，做到心中有数；二是要把握好资金的进出和周转，每笔资金的来源和支出都要记账，做到有账可查；三是把握好资金投入的论证，每投入一笔资金都要进行可行性论证，确保使用好每一笔资金。

（5）要讲诚信。"人无信则不立"，诚信乃立身之本。创业者在创业过程中，如不讲信誉，就无法开创出自己的事业，失去信誉就会寸步难行。创业应先从诚信做起。对创业者而言，诚信包括三个方面的内容：对客户讲诚信、对员工讲诚信、对合作伙伴讲诚信。

3. 交往协调能力

在创业实践中，创业者不但要与客户、企业员工、投资方打交道，还要与政府部门、经销商、生产商、竞争者打交道，交往协调能力是一个创业者所必须具有的基本能力。

交往协调能力是指能够妥善地处理与公众（政府部门、新闻媒体、客户等）之间的关系，以及能够协调下属各部门成员之间关系的能力。创业者应该做到妥当地处理与外界的关系，尤其要争取政府、市场监督及税务部门的支持与理解。在企业外部，创业者需要通过各种语言或其他媒介向他人传达某种信息，以有效地使他人获得理解，促进经营管理活动顺利进行，为企业的生存和发展创造一个有利的环境；在企业内部，创业者要善于利用各种手段激励员工，以激发员工的积极性、主动性和创造性。

4. 创新能力

创新是知识经济的主旋律，是企业化解外界风险和取得竞争优势的有效途径。创新能力是创业者能力素质的重要组成部分。

创业者必须具有创新能力，这是由经营管理活动的竞争性所决定的。提高竞争力的关键在于发挥创业者的创新能力，只有不断地用新的思想、新的产品、新的技术、新的制度和新的工作方法来代替原来的做法，才能使企业在竞争中立于不败之地。

创新能力包括两个方面的含义：一是大脑活动的能力，包括创新意识、创新思维和创新技能三部分，核心是创新思维；二是创新实践的能力，即人在创新活动中完成创新任务的能力。创新能力是一种综合能力，与人们的知识、经验、技能、心态等有着密切的关系，需要具有丰富的理论知识和实践经验、熟练的专业技能，以及乐观、积极向上的健康心态等。

二、提高大学生创业素质与能力的有效途径

大学里的创业教育一方面是培养具有开创性的学生群体，可以通过多种途径的教学，整体提高大学生的综合素质和创新创业能力，培养他们的创新创业意识，还可以增加他们的社会工作经验，为更高质量的就业打下基础；另一方面是培养学生直接参与创办企业的能力，通过对企业经营管理知识的学习，可以促使少数人直接利用自己的知识和资源来实现创业。大学生还可以利用自己的知识和技能来寻找社会上的合作伙伴，在解决个人就业问题的同时，也为他人、为社会创造新的岗位。因此，高校应该通过以下途径和方法来提高大学生的创业素质与能力：

（一）社会实践活动和社团活动

大学生应该投身于各种社会实践活动和社会公益活动，听取各类创业教育讲座，以及通过参加各种竞赛、活动等，形成以专业为依托、以项目和社团为组织形式的创业教育实践群体，激发自身的创新意识和创业精神。

此外，大量事实证明，积极参加社团活动是提高大学生创业能力的一条重要途径。社团活动能锻炼各种综合能力，是创业者积累经验必不可少的实践过程。创业是一个与社会及个人息息相关的系统工程，要提高创业成功的概率，创业者的组织能力和社

会交往能力是关键因素之一。大学时积极参加社团活动，对培养团队协作能力、人交际沟通能力，以及不同情况下处理事情的思考能力能起到积极作用，也容易使大学生养成不贪图安逸、勇于实现自我价值的思维习惯。

实践证明，大学生通过积极参加各种社会实践活动和社团活动，沟通能力、管理能力、思辨能力都会得到明显的提升，创业能力也得到明显的提升。

（二）创业教育课程体系

1. 建立全方位的创业教育课程体系

大学生创业能否有一个好的开始，与其在学校中所受到的教育息息相关。丰富大学生的创业学识，使其了解和熟悉有关创办及管理小企业的知识和技能，可以提高大学生的创业成功率。目前，可以在高职高专阶段开设"创业管理""财务管理学"等相关选修课程，帮助学生掌握基本的创业知识。

2. 开设根据创业教育具体目标专门设计的教育活动课程

通过在课外开展创业计划大赛、开办创业交流大会、开设创业教育讲座等丰富多彩的活动实施创业教育课程，以拓宽学生的学习范围和视野，使课程更具启发性和实践性。

3. 开设与企业经营模拟密切相关的课程

院系应成立由创业经验丰富的教师、企业管理人员和风险投资专家组成的创业指导小组，为大学生开设与企业经营模拟密切相关的课程。通过这些课程，大学生能够结合自身性格特点、专业知识，对企业的运行情况和相应的管理措施进行深入分析，并可对企业的商业模式和营销策略的实际效果进行检验，由此培养大学生的竞争意识和企业管理意识。进行市场宏观经济环境设计时，专业教师可以利用多媒体，通过相应的软件对模拟环境进行调整，引导大学生适应多变的市场环境，懂得分析政策法规，使大学生能够在复杂的市场经济环境中寻找规律，提高创业成功率，避免盲目创业。

（三）创业实践活动

1. 组织大学生参加各种专业竞赛

通过参加各种专业竞赛，能够增强大学生的创新创业能力。在导师指导下，团队中的每个人在项目实施过程中扮演一个或多个具体的角色，编制商业计划书、开展可行性研究、模拟企业运行、参加企业实践、撰写创业报告等工作，对增强大学生的创新意识，锻炼和提高观察力、思维力、想象力和动手操作能力都是十分有益的。此外，很多院校为鼓励大学生创业，也会举办各种各样的创新创业大赛。大学生积极参与竞争，不仅可以提高自己的能力，还可以与其他创业者交流，开阔自己的视野。

2. 以校内外创业基地为载体，组织大学生参加创业实践

创业教育的落脚点在社会实践。学校要建立多种形式的校内外创业基地，以此为载体组织学生参加创业实践。一方面，大学生可以通过实习环节开展创业实践；另一方面，创业基地与社会建立广泛的外部联系网络，形成了一个包括各种孵化器和科技园、风险投资机构、创业培训机构、创业资质评定机构、小企业开发中心、创业者校友联合会、创业者协会等在内的，高校、社区、企业良性互动式发展的创业教育生态系统，可以有效地开发和整合社会各类创业资源。

（四）创业知识储备

大学生除了参与学校提供的各种知识和技能培训，还要积极、主动地学习，在实践中，以下三种学习途径是比较行之有效的：

（1）大学课堂、图书馆。大学生通过课堂学习掌握过硬的专业知识，在创业过程中将受益无穷；图书馆通常能够提供创业指导方面的报刊和图书，广泛阅读能增加大学生对创业的理解和认识。

（2）媒体资讯。一是纸质媒体，人才类、经济类媒体是首要选择；二是网络媒体，管理类、人才类、专业创业类网站是大学生增长知识和技能的必要选择。

（3）与其他人沟通和交流。商业活动无处不在，大学生可以找有创业经验的亲朋好友交流，从他们那里得到最直接的创业技巧与经验，很多时候会比看书的收获更多；还可以通过电子邮件和电话拜访或咨询与自己的创业项目有密切联系的商业团体，通过与他们交流，也会得到更多来自市场的创业知识。

（五）利用课余时间，在市场一线提高自己的创业实战能力

1. 进入大企业工作

比尔·盖茨曾说："我不认为一定要在创业的阶段开办自己的公司，为一家公司工作并学习他们如何做事，会令人受益匪浅，打好基础非常重要。"大部分成功的创业者在创业前都有过为别人打工的经历，这段经历使他们对本行业的情况了然于胸，在复杂的人际关系中游刃有余，整合资源的能力大大提高，并有可能积累到人生的第一笔创业资金，这些都是创业者宝贵的创业资本。

2. 进入小公司历练

企业就是一个实际的创业团队，在这个团队中，大学生可以锻炼能力、积累经验。对准备创业的大学生来说，进入小公司将会得到更好的锻炼。因为大企业相对来说比

较正规，各方面保障措施或者制度都比较健全，大学生在里面工作发挥创造力的机会其实并不多。

如果一个人在想要创业的行业里没有经验的积累，那么最好先进入这个行业的某个企业工作，哪怕时间不是很长，也会很有收获。创业者只有具备了行业的基本经验，才能距离创业梦想更近一步。

■ 第三节　大学生创业者的准备工作

当今时代，人们的就业观念已经发生了深刻的变化，自主择业、自己创业已成为许多有识之士包括广大的在校大学生和已毕业的大学生实现自身人生价值的一条有效途径。可以预见，随着我国社会主义市场经济的不断完善，创业教育将在我国高等院校进一步普及，大学生创业环境将不断改善，会有越来越多的大学生走上创业之路。

目前，大学生创业的成功率还不是很高，造成这一现象的原因是多方面的，其中，大学生仅凭创业热情，没有深入研究市场，缺少创业前期准备工作是重要的原因。古语有云："运筹帷幄之中，决胜千里之外。"和行军打仗一样，做好准备工作对创业者来说至关重要。

一、自身条件准备

（一）自我审视

在创业开始之前，创业者需要评估自己的优势和劣势，看看自己是否具有基本的创业素质和能力。可以通过思考以下几个方面的问题，来初步判断自己是否具有创业的基本素质与能力：

（1）为什么要创业？你适合创业吗？你的策划和组织能力如何？你的决策和综合管理能力如何？你的创业风险（资金风险、竞争风险、团队分歧风险、核心竞争力风险）规避能力如何？

（2）你的创业成功的核心资源优势是什么？你是否有足够的资金？你是否有足够多的行业经验？你的人脉资源怎么样？你的主要客户在哪里？你的产品有哪些优势？你的产品价格是否有吸引力？你的商业模式是否可行？

（3）你能够组建一支高效的创业团队吗？你的合作伙伴是谁？他们会和你同甘共苦吗？他们也和你一样，将创业当成自己的事业吗？怎样设计薪酬体系，留住那些能力出众的员工？

（4）你能长时间保持创业激情吗？当你很长一段时间业务没有进展，当你与员工发生激烈碰撞，当员工不理解你、不支持你的时候，你会感到郁闷、孤独，你能够承受吗？你准备如何承受？创业者强烈的创业激情和坚强的意志，能够使企业成功，并能够帮助企业在遇到经济衰退等困难和危机的时候顽强地生存下来。

（5）你的身体和精神状态适合创业吗？你的身体健康状况是否允许你从事这样的工作？创业过程充满挑战，意味着长时间艰苦的工作，身体健康是承受创业高强度体力和精神压力的前提，因为在创业过程中，有时会使你兴奋愉快，有时会让你沮丧颓废。这些高强度、高耐力的工作会让你失去许多休息时间，你有没有这样的心理准备呢？

（6）你的家庭支持你创业吗？创业之初，家庭对你的创业影响很大，能否成功也与你的家庭是否支持有极大的关系，你确信你的家庭会支持你吗？他们支持你的力度会有多大？他们能够容忍你的失败吗？

（7）你准备承受创业初期的风险了吗？创业始终伴随着风险，确立了创业目标之后，创业者接下来要问的问题是：创业的风险有哪些？最坏的结果是什么？你能否接受？你怎样才能从最坏的结果中走出来？

（二）心理准备

在创立个人企业之前，与工薪时期做个比较，就会明白许多道理。个人企业创立开始就相对艰辛，个人要努力地工作。因此，在尚未踏入这个领域之前，应先进行深入的思考，在个人企业里你要的是什么样的生活。

一般来说，创业之初的一年半载往往会步履艰难，咬紧牙关渡过难关，才会慢慢有所转机，正如商界中的一句话"一年摸索，二年入门，三年见利润"。高校毕业生创业必须有背水一战的精神，熟悉业务，精心谋划，不熟悉的行业切莫盲目进入，遇到不懂之处多方取经，如求教老师、客户、父母、同学等。

创业是与风险并存的，创业取得成功有着极大的不确定性，而对于这种风险必须做好充分的心理准备。

二、创业条件准备

创业成功与否并不在于你是不是大学生，而在于你是否做好了创业的准备，是否积累了足够多的经验。现实中，每个创业失败者都可能会为自己的失败找到无数个理由，但我们认为失败的最终根源只有四个字：准备不足。要想创业成功，关键并不在于创业得早，而在于创业的各项准备工作做得扎实、充分。只有创业准备工作做得扎实、充分，才能保证企业茁壮成长。

（一）了解大学生创业优惠政策

各级政府为了支持大学生创业，相继出台了多项扶持政策，其中包括提供小额贷款、减免税收、员工聘请和培训享受减免费优惠等。高校也纷纷推出鼓励扶持举措，许多高校成立了创新创业中心，统一对学生开展创业教育，鼓励学生参加各种类型的创业计划竞赛。一定要利用好这些资源，不断提升自己的能力。不仅要理解创业优惠政策，还要在实践中学会如何利用这些优惠政策。

（二）了解自身优势，做到知己知彼

（1）了解自己想做的是什么，能做的是什么。想做的最好是自己喜欢的，这样才会有源源不断的动力推动自己前进。大部分人不成功不是因为选错行业，而是因为兴趣转移，对所从事的项目失去耐心而中途放弃。

（2）了解自己为什么要创业，是否有足够的决心承担风险，过去的利益是否舍得放弃。

（3）了解自己是否具备创业者应有的能力与素质，是否能承受挫折，是具有综合、全面的素质还是有专项技术特长。

（4）了解自己创业成功的核心资源优势是什么，是足够的资本、行业经验、客户资源，是技术创新，还是商业运作能力，了解自己与即将面对的竞争对手相比是否有明显的优势。

（三）做好能力储备

争取父母和亲戚朋友的理解，获得资金支持，建立高效团队，进行科学的市场调查和预测，掌握创业法律知识，开拓市场渠道，团结合作伙伴，争取政府支持，打击竞争对手，争取企业客户，降低营运风险等，这些创业者的日常工作要求创业者具备企管、心理、公关、营销、财税、会计等方面的知识。而创业者要想具备这些知识，只有通过平时的学习来积累。除此之外，创业者也必须有良好的身体素质。准备创业的大学生要多参与文体活动，保障今后有充沛的体力投入工作。

（四）积极参加社会实践

凡事预则立，不预则废，机会总是给有准备的人。作为准备创业的大学生，做好社会实践工作尤其重要。在创业实践中，许多问题单靠某一方面的知识是难以解决的，需要考虑诸多因素，运用多方面的知识和技能才能解决。创业实践使大学生接近社会，获得大量的感性认识和许多有价值的新知识，同时能够把自己所学的理论知识与接触的实际现象进行对照、比较，把抽象的理论知识逐渐转化为认识和解决实际问题的能力。积极参加社会实践将使创业者受益匪浅。

（五）做好市场调查

市场调查是市场营销活动的起点。企业采用一定的科学方法对市场加以了解和把握，在调查活动中收集、整理、分析市场信息，掌握市场发展变化的规律和趋势，为企业进行市场预测和决策提供可靠的数据和资料，从而确立正确的发展战略。

没有调查就没有发言权，大学生在创业时，切不可自以为是，凡事多进行市场调查，多研究市场、分析市场。在创业初期，尤其要重视市场调查在科学决策中的重要作用，在没有调查好之前，切不可盲目乐观、武断地下结论。

（六）进行科学的市场预测

科学的市场预测需要建立在充分的市场调查基础上。首先，市场预测要对需求进行预测：市场是否存在对这种产品的需求？需求程度是否可以给企业带来所期望的利润？新的市场规模有多大？需求发展的未来趋向如何？有哪些影响需求的因素？其次，市场预测还包括对市场竞争情况、企业所面对的竞争格局进行预测：市场中主要的竞争者有哪些？是否存在有利于本企业产品的市场空当？本企业预计的市场占有率是多少？本企业进入市场会引起竞争者怎样的反应？这些反应会对企业有什么影响？

（七）撰写创业计划书

创业者有了创业动机并选定创业目标，而且在资金、人脉、市场等各方面都已准备妥当或已经积累了相当实力之后，就可以对所选择的创业项目进行可行性分析，并撰写一份创业计划书。

创业者通过撰写创业计划书罗列出项目的优缺点，再逐条推敲，对创业项目进行更清晰的认识。在创业计划里，要分析如何销售、如何采购、营利前景、需要多少流动资金、如何筹集创业资金等，进而撰写可行性报告。

（八）筹措创业资金

创业资金短缺是目前创业者面临的一个主要问题。当创业者的创业资金不足时，除了可以向亲友借贷，还可以设法寻求政府、银行、投资基金等相关贷款资源，以解决创业资金不足的问题。企业应先求生存再求发展，扎好根基，切勿好高骛远、贪图业绩、罔顾风险，必须重视经营体制，步步为营，再求创造利润，进而扩大经营。

此外，大学生可以通过听讲座、听报告等多种形式增加对创业的了解。同时，利用课余时间积极参加企业见习活动，深入了解企业的生产、市场运营、人力资源、财务管理等方面的知识，为创业打下坚实的基础。

案例展示

创业 3C 思路分析法——一个检验你是否做好创业准备的方法

创业即自己开创事业，是个人在充分考虑自身条件、经过周密的市场调查和准备后开办小商店、小工厂、小服务部等的过程。创业犹如打仗，存在一定的风险，只有"知己知彼"，才能"百战不殆"，不可不做充分准备。在发达国家创业家的圈子里，最盛行的创业思路叫 3C（Customers，顾客；Company，企业；Competitors，竞争对手）分析法。综合起来，有如下问题需要考虑：

1. 关于 Customers

对顾客的分析包括三个方面的问题，如图 5-2 所示。

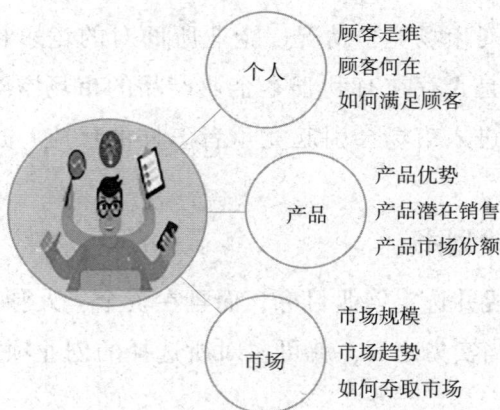

图 5-2　顾客

（1）个人。企业最重要的顾客是谁？企业最大的客户群体是哪些？企业的潜在顾客是哪些？是否应该对这些群体区别对待？顾客的购买量与购买频率、购买时间与地点、购买动机、品牌转换情况与品牌忠诚度如何？企业的服务或产品重点解决顾客哪方面的需求？怎样使顾客了解企业的产品或服务？顾客维持成本如何？

（2）产品。产品如何进行市场定位？产品的主要竞争优势是什么，是否有品牌效益？产品的价位优势有多大？产品的卖点在哪？产品的生命周期有多长？产品的替代种类有多少？新产品的研发能力如何？

（3）市场。市场的数量规模有多大？预期的成长速度多快？市场的成熟程度如何？如何夺取市场？要夺取该市场，需要首先做好哪些事情？要做好这些事情，需要花费什么样的成本？

2. 关于 Company

对企业的分析包括三个方面的问题，如图 5-3 所示。

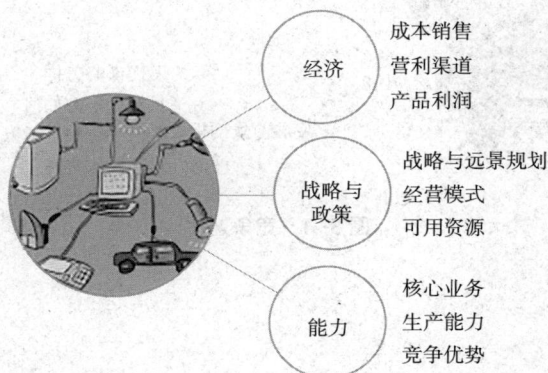

图 5-3　企业

（1）在经济方面。企业的经营成本是多少？固定成本是多少？平均成本在本行业处于一个什么样的水平？人力资源成本高还是低？企业的利润率高还是低？渠道效率是否较高？促销成本的控制做得如何？

（2）在战略与政策方面。企业的外部环境是否有利于企业的发展？企业具备何种发展战略与远景规划？团队建设是否符合企业的发展战略？企业文化建设是否满足企业的发展需要？

（3）在能力优势方面。企业需要具备哪些核心业务实力？是否具备核心竞争力？是否有独特的核心竞争力或者竞争优势？如何长期保持这种优势？企业的生产、营销、财务管理等方面是否做得比竞争对手更加出色？

3. 关于 Competitors

对竞争对手的分析包括两个方面的问题，如图 5-4 所示。

（1）竞争对手剖析。市场中的主要竞争对手是谁？竞争对手的核心产品是什么？竞争对手的数量、规模与所占市场份额是多少？竞争对手是如何进行渠道决策的？竞争对手的主要促销策略是什么？

（2）发展前景剖析。整个行业的发展状况怎么样？企业在竞争中处于什么样的位置？企业与竞争对手相比经营成本如何？企业与竞争对手相比核心竞争力如何？企业与竞争对手相比规模效益与多元化效益如何？企业与竞争对手相比可以利用的资源都有哪些（包括资金、技术、渠道、促销等）？

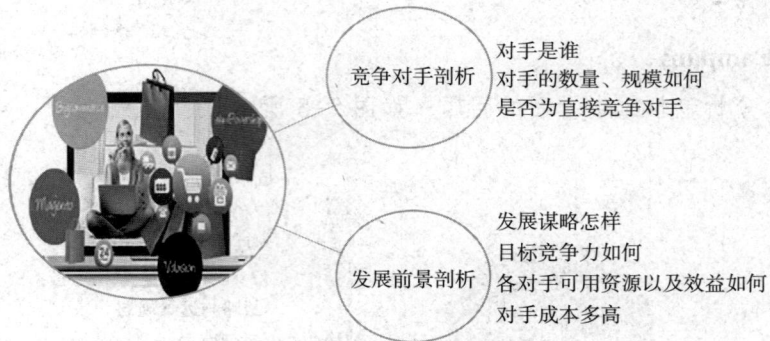

图 5-4　竞争对手

第六章
创业机会与风险

学习目标

1. 了解创业机会的概念及识别、评估、获取途径；
2. 掌握创业风险的含义、来源、识别方法及规避方法；
3. 了解大学生寻找创业机会的途径及提高大学生创业成功率的建议。

第一节　创业机会

作为创业者，最可贵的在于发现其他人看不到的机会，并迅速采取行动，把握创业机会并创造价值。机会是植根于市场的，没有市场基础，就没有可行的创业机会。创业机会的判别需要创业者树立牢固的市场意识。市场意识是引领创业成功最好的指南针，如果仅有创业热情而没有市场意识，创业就很可能走弯路。

一、创业机会的含义和特征

（一）创业机会的含义

经济和科学技术的快速发展给各行各业带来商机，这些商机能够帮助大学生实现自己的创业梦想。

创业机会主要是指具有较强吸引力的，较为持久的，有利于创业的商业机会。创业者据此可以为客户提供有价值的产品或服务，同时使创业者自身获益，实现自己的创业目标。美国管理学大师彼得·德鲁克指出，能使现有资源的财富生产潜力发生改变的任何事物都足以构成创业机会。

（二）创业机会的特征

有的创业者认为自己有很好的想法和点子，对创业充满信心。有想法、有点子固然重要，但是并不是有了大胆的想法和新颖的点子都能成功创业，许多创业者因为仅仅凭想法去创业而失败了。创业机会对创业来说也很重要。那么，如何判断一个好的创业机会呢？

《21 世纪创业》的作者第莫斯提出，好的创业机会有以下四个特征：

（1）它能在较大程度上吸引顾客。

（2）它能在你的商业环境中行得通。

（3）它必须在机会之窗存在的期间被实施（机会之窗是指商业想法推广到市场上去所花的时间。若竞争者已经有了同样的思想，并把产品推向市场，那么机会之窗也就关闭了）。

（4）你必须有资源（人、财、物、信心、时间）和技能才能创立业务。

二、创业机会的分类

在创业实践中，创业机会主要分为以下三种：

（一）显性机会

显性机会是指在目前的市场上存在明显的没有被满足的现实需求，这往往是人所共知共识的机会。例如，随着我国人口老龄化程度的进一步加剧，老年人市场的需求将显著增加，这就是显性机会。

（二）隐性机会

隐性机会是指现有的产品种类未能满足的或尚未完全被人们意识到的隐而未见的需求，即潜在的市场机会。发现和识别隐性机会比发现和识别显性机会需要更多的判断力和行业经验。另外，隐性机会是通过识别征兆而发现的，创业者要能在变化的因素中发现代表未来趋势的征兆。具有创新意识的创业者往往具有准确把握未来趋势的能力。例如，某地举办足球比赛，一位卖雨伞的批发商早晨听天气预报说下午会有暴雨，于是，他准备了许多雨伞，中午就在球场附近搭台。果然，那天早上天气还很好，下午天色突变，下起了瓢泼大雨，这位批发商的雨伞卖得特别好。

（三）突发机会

在现实生活中，有时会有突发变化造成不平衡，由此带来一个新的创业机会，称为突发机会，又称意外机会。突发机会是指由外部的突发性变化而带来的机会，但这种机会往往是转瞬即逝的。例如，在非典时期，我国一些中药材市场的销售出现了井喷式增长。

三、创业机会的来源

我国学者在学习和借鉴国外研究成果的基础上，总结了我国创业实践经验，认为当今我国创业机会来源主要有以下七个方面：

（一）顾客需求

创业的根本目的是满足顾客需求，而顾客需求在没有满足前就是问题，把问题解决了，就可转化为创业的机会。例如，大学生难以处理不用的书籍，于是有了二手书市场；有一位大学生发现学生放假时有交通难问题，于是创办了一家客运公司，专做大学生的生意。这些都是从问题出发寻找机会的例子，寻找创业机会的重要途径是善于发现和体会人们在需求方面的问题或生活中的难处。

菲利普·科特勒教授提出："市场营销的一个根本前提就是分析市场需求，然后基于市场需求生产、制造出自己的产品。"创业是否成功，就在于能不能发现潜在需求，并将满意和愉悦及时提供给有这些需求的人。找出盲点，需要敏锐的眼光和创新的灵感；找出热点中的热点，财富就离你不远了。

（二）市场变化

在市场上，唯一不变的规律就是变化。创业的机会大都产生于不断变化的市场环境中，环境变化了，市场需求、市场结构必然发生变化。创业者应当积极寻找这种变化，把它转化为商机。例如，居民收入水平提高，私人轿车的拥有量不断增加，由此派生出汽车销售、修理、配件、清洁、装潢、二手车交易、陪驾等诸多创业机会。

（三）他人经验

从别人的成功经验中寻找创业灵感，往往能找到不一样的商机。虽说成功者的经验不能放之四海而皆准，但一个人的成功必然是诸多因素集结而成的，借鉴其中的长处，必然比毫无头绪、乱闯乱撞要可行得多。学习成功者的长处和优点，可使创业者的视野更加开阔，思路更为清晰明了。

（四）创造发明

知识经济时代的一个重要特征就是技术不断更新换代，技术更新换代的过程中蕴藏着大量的商机，人们可以利用这些商机，通过"知本+资本"的方式发展企业。

知本指的是大学生创业者所具备的专业知识、技术特长或成功研制的新产品、新工艺，资本指的是投资者的风险投资。这种创业方式主要集中于电子信息、生物技术、高科技农业等技术含量高、知识密集型的行业。比如，有个大学生回家乡创业养鱼，他发现养鱼过程中的一项重要工作是喂食，人工喂食工作很辛苦，效果也不好，于是他利用自己所学的专业知识发明了一款全自动喂食机，目前这款机器已实现了产业化。

（五）细节

在被别人忽略的细节中，往往蕴藏着创业机会，只要时刻留心，就能抓住机会获得成功。任何一项事物都不可能完美无缺，而任何一项新奇的事物都是一扇创业的大门，只要有足够的耐心、细心及联想，就可以从不起眼的小事中发掘出重要的商机。例如，有个大学生发现每年大学开学，大一年级的学生都要参加军训，军训结束后，大量的军训服都会被遗弃，于是他成立了一家专门回收军训服的公司，低价买进军训服，然后卖给一些农民工、建筑工人，通过赚取差价，取得了不错的效益。

（六）市场竞争

通过市场调查，如果找到了同行业竞争对手的问题，并能弥补竞争对手的缺陷和不足，就将成为创业机会。因此，平时要做个有心人，多了解周围竞争对手的情况，分析竞争对手的优点和缺点，如果能够在某方面比竞争对手做得更好，能够提供更优质的产品，能够提供更周全的服务，那么就能找到创业机会。

（七）新知识、新技术的产生

一些新知识和新技术的产生，也为创业者提供了创业的机会。例如，现在的手机不仅能打电话，还具有购物、理财、听讲座等功能，这些功能的市场需求就提供了市场创业机会，于是就有了利用这些功能来创业的人。有人把与手机业务相关的经济称为"拇指经济"。例如，南京的几个大学生在手机平台上开发出一款找厕所的软件，该软件实际上最核心的部分就是制作城市厕所地图，这给一些外地人带来了便利。

四、创业机会识别的重要性

机会是具有时间性的有利情况。机会也是一个过程，是一个从开始时未成型但随着时间的推移变得成熟的过程。

在创业的过程中，识别机会并将其转化为成功的企业是非常重要的一步。机会识别是创业的起点，也是创业过程中一个重要的阶段。许多好的商业机会并不是突然出现的，而是对于"一个有准备的头脑"的"回报"，或是当一个识别市场机会的机制建立起来之后才会出现。

如何发现和开发创业机会是创业研究领域应当关注的关键问题。从创业过程角度来说，发现和开发创业机会是创业的起点，创业过程就是围绕机会进行识别、开发、利用的过程。正确识别创业机会是创业者应当具备的重要技能。

创业机会对创业的重要性表现在以下三个方面：

（一）创业机会识别是创业成功的基石和方向

整个创业过程是由创业机会引发的，没有创业机会的发现和识别，整个创业过程就无从开展，没有把握创业机会的创业，失败是不可避免的。所以，创业一定要先对市场机会进行研究、调查，有机会才能去创业，如果根本没有发现机会，只是随着创业潮流去创业，或者只听别人说某业务能赚钱就去做，是很难获得成功的。

（二）创业机会识别可以大大降低创业成本

创业成功者往往是在创业之前进行机会识别，根据对机会的认知进行深入的调查研究和策略规划。有了深入的研究以后就可以在创业之初避免很多错误的行为，这样可以大大降低成本，提高企业存活率。

（三）创业机会识别是创业成功与否的决定因素

如果最初认为是一个大的机会，而最后它只是一个很小的利基，那么就只能在一个极小的市场上取得成功，造成在大市场的激烈竞争中败北。所以，对机会的识别会影响企业在市场上存活多久，能在多大程度上获得成功。

五、创业机会的获取途径

《21世纪创业》的作者第莫斯认为，机会识别或感知是创业过程的核心要素，是创业过程的开端，创业者通过识别创业机会来为市场创造或增加具有创新价值的产品或服务。对于机会识别的研究，学者们一般从特质理论和认知理论两个角度进行。基于特质理论的研究，学者们主要通过对创业者的个人特质进行研究来考察创业者与非创业者特质上的差异。基于认知理论的研究，学者们主要从心理学出发，通过创业者的认知偏好、心智结构来进行研究。

创业机会的获取主要有三种途径，如图6-1所示。

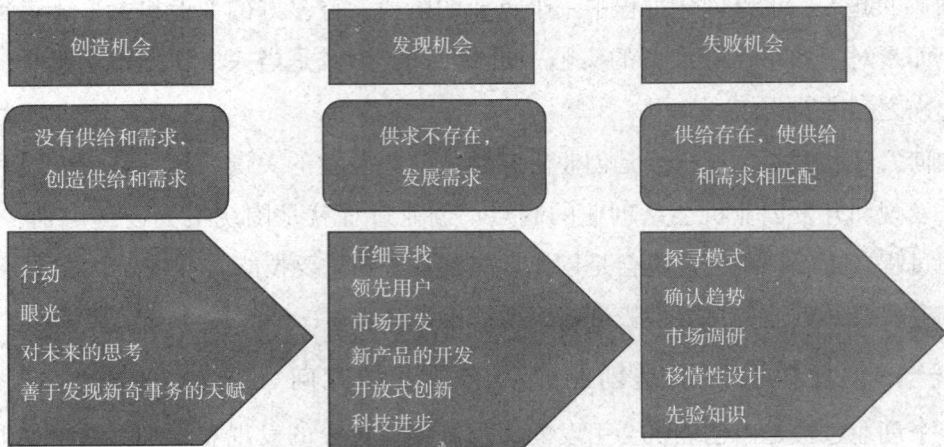

图 6-1　创业机会的获取途径

六、创业机会识别的三个阶段

广义的机会识别过程是机会的潜在预期价值及创业者自身能力反复权衡的过程，包括机会搜寻和机会评价两个环节。通过搜寻、评价的反复作用，创业者对创业机会的战略定位也越来越明确，最终决定机会的开发。

在机会搜寻阶段，创业者对整个经济系统中可能的创意展开搜索。机会的最初状态是未精确定义的市场需求或未得到充分利用的资源和能力。在该阶段，创业者利用自身能力对潜在的创业机会进行感知，若发现潜在的商业机会，就对该机会进行评价。创业机会的识别过程是很复杂的，一般认为，创业机会的识别分为三个阶段：

（一）机会的搜寻阶段

创业机会以不同形式出现，许多好的商业机会并不是突然出现的，而是对于"一个有准备的头脑"的"回报"。在机会搜寻阶段，创业者需要弄清楚机会在哪里和怎样去寻找。

（二）机会的识别阶段

对机会的识别源自创意的产生，而创意是具有创业指向和创新性的想法。在创意没有产生之前，机会的存在与否意义并不大。有价值潜力的创意一般会具有以下基本特征：独特、新颖、难以模仿。要从创意中筛选合适的机会，这一过程包括两个步骤：第一步是通过对整体的市场分析及一般的行业分析，判断机会是否在广泛意义上属于有利的商业机会；第二步是由创业者和投资者对这一机会是否有价值进行考察，也就是个性化的机会识别。

（三）机会的评估阶段

这一阶段主要针对创业机会的市场与效益进行评估，要认真分析企业的市场定位、市场结构、市场占有率、产品成本构成、毛利率、资本回报率等诸多因素。在此基础上，对机会进行综合评价。

将创业机会转化为创业行为需要付出成本。如果把握机会的成本大于机会带来的价值，那么这个机会并不是一个有价值的创业机会。一个创业机会可能有巨大的价值，但是如果出于种种主观、客观的原因无法实现创业，那么这个机会就不是一个可行的创业机会。当一个创业机会诞生，一部分人几乎同时发现该机会，但只有极少数人成功地抓住了机会，其主要原因是成功者拥有抓住该创业机会的优势资源。所以，分析一个创业机会是否适合创业者，创业者是否有能力抓住它，是十分必要的。

七、创业机会评价

成功地进行机会识别后，便进入机会的评价阶段。对创业者来说，一方面，市场机会的评价类似于投资项目的评估，这对投资能否取得收益无疑是十分重要的；另一方面，也帮助创业者从另一角度来分析其创意是否具有继续发展成为一个企业的实际价值。事实上，有60%~70%的创意计划在其最初阶段就被否决，原因就是这些计划不能满足创业投资者的评价准则。如果创业者最初能以比较客观的方式进行评估，那么创业成功的概率也可以因此而大幅提升。因此，创业者在利用创业机会之前要对创业机会进行科学评估，然后做出科学的决策。

（一）创业机会的一般评价方法

怎么对创业机会进行合理的评价和选择？针对这个问题，国内尚无一套比较全面的评价体系。一般来说，对创业机会进行评价的方法分为定性分析评价方法和定量分析评价方法两类。

1. 定性分析评价方法

定性分析评价方法是指从以下五个方面选择创业机会：机会的原始市场规模；机会存在的时间跨度；预期特定机会的市场规模将随时间增长的速度；好机会所具备的特点；特定机会对特定创业者的现实性。

定性分析评价方法分为五个步骤：第一步，判断新产品或新服务的价值、障碍、市场认可度等；第二步，分析风险、机会；第三步，确定生产过程中的生产批量和产品质量保证措施；第四步，估算新产品的初始投资额，确定使用何种融资渠道；第五步，分析如何控制和管理可能遇到的所有风险。

2. 定量分析评价方法

被大家公认的创业机会的定量分析评价方法有四种：标准打分矩阵、西屋法、Potentionmeter 法、智能分类与选择因素法。

（二）创业机会与创业者及其团队结合的评价方法

创业机会的一般评价方法的缺陷是忽视了创业机会的开发者、创业者及其团队的作用。其实，好的创业者及其团队善于发现别人发现不了的机会，甚至可以为自己创造开展的机会。同时，好的机会只能与适当的创业团队相匹配才能取得良好的创业绩效。著名的创业学研究学者第莫斯在经过大量研究之后，提出了以下创业机会评价指标。

1. 行业与市场

对创业机会进行行业与市场评估的项目包括市场定位、市场结构、市场渗透力、市场规模、产品的成本结构等。一个好的创业机会必然具有特定市场利基，专注于满足消费者需求，同时能为消费者带来增值的效果。因此，评估创业机会的时候，可由市场定位是否明确、消费者需求分析是否清晰、消费者接触是否通畅等，来判断机会可能创造的市场价值。新事业能带给消费者的价值越高，则创业成功的机会也就越高。

（1）市场定位。一个好的创业机会必然拥有特定的市场，有一定的消费群体，有潜在的发展空间。市场定位是否明确关系到创业项目是否有竞争力，是否有特色和发展前景，越关注消费者的需求，从需求中发现商机的可能性越大，创业机会就越大。

（2）市场结构。市场结构包括进入障碍、供货商、消费者、经销商和谈判力量、代替性竞争产品等，分析市场结构可以评估创业机会在未来市场中的定位，以及可能遭遇到对手反击的程度。

（3）市场渗透力。评估创业市场，选择最佳的时机进入市场，做好万全的准备，等待市场需求缺口的打开。

（4）市场规模。一个有价值、有潜力的市场必然隐藏在深处且正在成长，这通常也是一个极具价值的市场。不要局限于规模大的市场，这种市场往往趋于成熟，成长空间有限。

（5）产品的成本结构。产品的成本结构关系到企业前景是否乐观。物料成本、资金来源及固定成本受外部影响越小，那么企业自主性就越强，越容易在市场扎根。

除此之外，确定了目标市场及消费人群之后，可以对即将上市的产品进行目标人群的消费试用，以对产品或服务进行可行性分析。

2. 经济因素

对创业机会进行经济因素评估的项目包括达成损益平衡所需时间、投资报酬能力、资本需求、毛利、销售成长等。合理的损益平衡时间应该为两年以内，但如果三年还达不到损益平衡，则恐怕就不是一个值得投入的新创业机会。不过，有的新创业机会确实需要比较长的耕耘时间，并经由前期的投入创造进入障碍，保障后期的持续获利。在这种情况下，可以将前期投入视为一种投资，较长的损益平衡时间就可以忽视。考虑到创业开发可能面临各项风险，合理的投资回报率应该在25%以上。一般而言，15%以下的投资回报率将不是一个值得考虑的创业机会。资金额过高其实不利于创业成功，有时还会带来稀释投资回报率的负面效果。通常，越是知识密集的创业机会，对于资金的需求量越低，投资报酬反而越高。因此，在创业开始的时候，不要募集太多的资金，最好通过盈余积累的方式来创造资金。

毛利率高的创业机会，相对风险较低，也比较容易达成损益平衡；反之，毛利率低的创业机会，风险则较高，遇到决策失误或市场发生较大变化的时候，企业很容易遭受损失。一般而言，毛利率的理想值是40%，当毛利率低于20%的时候，这个创业机会就不值得再考虑。

3. 收获条件

对创业机会进行收获条件评估的项目包括潜在的附加价值、价值评估模式、推出机制与策略、资本市场环境等。所有投资的目的都在于回收，因此退出机制与策略就成为一项评估创业机会的重要指标。企业的价值一般由具有客观鉴别能力的交易市场来决定，市场中交易机制的完善程度也会影响创业企业退出机制的弹性。由于退出的难度普遍高于进入的难度，所以一个具有吸引力的创业机会，应该要为所有投资者考虑退出机制及退出的策略。

4. 竞争优势

对创业机会进行竞争优势评估的项目包括固定及变动成本、进入障碍等。产品的成本结构也可以反映该创业企业的前景是否光明。例如，根据物料占人工成本的比重、变动成本占固定成本的比重及经济规模的产量，可以判断该创业企业能够创造附加价值的幅度以及未来可能的获利空间。

5. 管理团队

对创业机会进行管理团队评估的项目包括创业团队、产业及技术经验、正直性、个人诚信等。由具有卓著声誉的创业者领军，结合一群由各具专业背景的成员所组成的创业团队，加上紧密的组织凝聚力与共同的价值观，这种最佳团队组合可以被视为创业企业成功的最佳保障。因此，评价创业机会，绝对不能忽视创业团队组合的因素以及团队整体能够发挥的作用。

创业者及其团队成员对于所要投入产业的相关经验与了解程度的多寡，也会影响创业获得成功的概率。一般可以由产业内专家对创业团队成员的背景、经验与专业能力进行评价，来判断获得成功的概率。再好的创业机会，如果创业团队不具备相关产业经验或专业背景，则对投资者不会具有任何吸引力。

创业者的人格特质也是一项会影响创业成败的关键因素，尤其是创业者的人品与道德观。在业界具有良好声誉且重视诚信、正直、无私、公平等基本为人处世原则的创业者，对于评价创业机会通常具有显著加分的效果。

6. 创业者个人

对创业机会进行创业者的个人标准评估的项目包括目标和适合性、机会成本、正面与负面相关议题、欲望、风险与报酬承受程度、压力承受度等。创业过程中往往会遭受极大的困难与风险，因此有必要了解创业者的创业动机，以便判断他愿意为创业获得付出代价的程度。一般认为，创业机会与个人目标的契合程度越高，则创业者投入意愿与风险承受意愿自然也就越大，创业目标最后获得实现的概率也相对越高。因此，一个具有吸引力的创业机会，一定是一个能充分与创业者个人目标相契合的创业计划。

7. 理想与现实的战略性差异

对创业机会进行理想与现实的战略性差异评估的项目包括适应程度、团队、弹性、科技等。一个具有吸引力的创业机会通常都需要具有某些特色，而这些特色往往能够成为未来成功企业的战略性影响因素。发掘创业机会的优点与特色，也是创业机会评估不可或缺的工作。

8. 致命的缺陷

在后续的研究中，第莫斯又增加一个重要的指标——是否具有致命的缺陷。致命的缺陷一般会因创业者的不同而有所差异。以下致命缺陷必须注意：创业者的动机不良，尤其是在人格特质上具有明显的瑕疵；创业团队缺乏相关产业经验与企业管理能力，创业试验期长，导致风险成本太高；创业看不到市场利基，无法显示创造客户价值的能力，在市场竞争中也不具有明显优势；创业的市场机会不明显，市场规模不大或市场实现时间还遥遥无期；创业的资源能力有限，无法达到可以形成竞争优势的经济规模；看不到能获得显著利润的机会，毛利率、投资报酬率、损益平衡时间等指标无法达到合理的底线目标；创业无法具备市场控制能力，关键资源与渠道均掌握在他人手中，随时都有陷入经营危机的风险。

在创业实践中，从指标大类的评价结果来看，除了创业者的个人标准指标，资深创业者对其他七类指标的重要性评分结果都高于管理者的评分，分值差距为 0.10~0.31。这说明资深创业者对这些指标的认识更为全面，第莫斯的创业机会评价指标较适用于创业者。

■ 第二节　创业风险

创业有风险，决策须谨慎。创业是一个充满风险、艰辛与坎坷的过程，也是一个充满激情与喜悦的过程。如何才能尽量规避与防范可能出现的创业风险，使创业过程能够顺利一些，尽快掘得第一桶金，是每一个创业者都十分关注的问题。因此，大学生创业者要认真分析自己在创业过程中可能会遇到的风险，这些风险中哪些是可以控制的，哪些是不可控制的，哪些是需要极力避免的，哪些是致命的或不可管理的，一旦这些风险出现应该如何应对和化解。特别需要注意的是，一定要明白最大的风险是什么，最大的损失可能有多少，自己是否有能力承担并渡过难关。在分析可能出现的创业风险的同时，做到未雨绸缪，保障企业的正常运营。

一、创业风险的含义

风险是与不确定紧密联系在一起的。一般从两个角度对风险进行理解：一个角度强调结果的不确定性，另一个角度则强调损失的可能性。前者属于广义上的风险，说明未来利润多寡的不确定性，可能是获利（正利润）、损失（负利润）或者无损失也无获利（零利润）；后者属于狭义上的风险，只能表现为损失，没有获利的可能性。无论从哪个角度来理解"风险"这个词，其基本的核心含义都是：未来结果的不确定性或损失。如果采取适当的措施或者进行智慧的认知、理性的判断，继而采取及时而有效的防范措施，那么不确定性也可能会带来机会。

创业风险是指企业在创业的过程中存在的各种风险。由于创业环境的不确定性，创业机会与创业企业的复杂性，创业者、创业团队与创业投资者的能力和实力的有限性而导致的创业活动结果的不确定性，就是创业风险。

二、创业风险的来源

（一）心理素质不够强大带来的风险

创业不是一个一蹴而就的过程，而是需要一步步地规划、实践、调整、论证，在这个过程中风险与机遇并存，创业者要有良好的心理素质应对这一切。创业者应该有饱满的热情，不要带有负面的情绪。作为创业者，每天以饱满的热情工作，不仅可以使自己内心强大，也可以激励员工为实现创业目标共同努力。同时，要客观地评估风险和压力，切不可盲目乐观或妄自菲薄。此外，创业的道路上肯定会有各种坎坷和不顺利，或是创业团队合作问题，或是资金链断裂问题等，创业者不能轻言放弃。大量的创业实例说明，办法总比困难多，在创业路上，谁能够坚持更久一点，谁就有可能成为最后的赢家。

（二）创业项目选择带来的风险

创业项目选择对创业能否取得成功至关重要。许多大学生创业者在创业项目选择上缺乏思考，项目选择过于草率，结果在创业的过程中发现现实与期望有很大差距，导致创业最终失败。因此，大学生创业者在项目选择上要特别慎重，一定要做好前期的市场调查，特别是做好消费群体的调查，并且要多听取他人的建议。一般来说，大学生创业者资金实力较弱，人脉资源也比较匮乏，选择项目时不要贪大求全。在创业实践中，创业者往往会发现钱花得非常快，在选择项目时，应尽可能选择自己熟悉的领域，或者选择低成本的项目。记住，许多大企业家也是从低成本创业起步的。

（三）缺乏创业技能带来的风险

掌握良好的创业技能不仅可以帮助创业者管理好企业，还可以建设一支高效的创业团队，为企业发展带来源源不断的动力。在现实中，因为大学生接触社会的机会非常有限，大学生创业者的创业技能普遍不高，作为大学生创业者，需要不断提高创业技能，特别是要掌握好管理技能，具体应做到以下三点：第一，去企业打工或实习，积累相关的管理和营销经验；第二，积极参加各种创业培训，积累创业知识，接受专业创业指导，提高创业成功率；第三，加强自身学习，加强创业实践，利用好图书馆和各种资源，不断提高自己的创业能力。

（四）人力资源管理带来的风险

企业最大的资产是人，人才是第一生产力。在企业经营过程中，关键岗位长期空缺或由不能胜任的人担任都会存在管理风险，所以高素质的管理层通常是投资者考虑的最重要因素，防止专业人才及业务骨干流失应当是创业者时刻注意的问题。在创业初期，各个成员雄心勃勃，经营管理过程中一旦出现较大困难，很容易出现分歧；企业运行良好时，可能会在利益分配方面因为初期约定不明确而给企业带来灾难；高层管理人员的流失，也会给企业带来致命的危险；技术骨干的流动，可能会使整个企业的技术开发受阻，造成巨大的经济损失。在依靠某种技术或专利创业的企业中，拥有或掌握这一关键技术的业务骨干的流失是创业失败的最主要风险源。此外，还存在一种风险，即因为创业者未建立良好的吸引人才及用人的机制或不能使人才发挥最大的能量而导致人才流失。

（五）市场营销管理带来的风险

一个好的创业项目必须有好的市场前景。没有市场需求，创业不可能获得成功。只要是创业，多多少少都会遇到市场营销管理所带来的风险，例如消费者偏好的改变、消费者收入的下降、政策法规的变动等。为降低市场风险，在创业初期，一个创业者就应该做好充分的市场调查：消费者在哪里？消费者购买产品的理由是什么？消费者可以接受的价格是多少？产品的成本是多少？谁是我们的竞争对手？我们的优势在哪里？这个市场有多大的发展空间？在实践中，太多的创业者总是疏于市场调查，对市场估计过于乐观，对自己过于乐观，同时又缺乏对竞争者的了解，导致创业半途而废。

（六）市场竞争带来的风险

如果创业者选择的行业是一个竞争非常激烈的领域，那么在创业初期就可能受到同行的强烈排挤。一些行业内的大企业为了把同行的小企业吞并或者挤垮，常常会采用低价销售手段。对于大企业来说，由于规模效应或者实力雄厚，降价并不会在短时间内对本企业造成致命的伤害；而对于新企业来说，低价可能意味着彻底的覆灭。因此，正确应对同行的残酷竞争是创业企业生存的必要准备。

（七）资金短缺带来的风险

在现实生活中，有好的项目但缺乏流动资金的现象是比较常见的，资金风险在创业初期往往显得格外明显。是否有足够的资金创办企业是创业者遇到的第一个问题。企业创办起来后，就必须考虑建立健全财务管理制度，不断拓宽融资渠道，确保有足够的资金支持企业的日常运作。

许多创业者在没有意识到缺乏流动资金的风险时就贸然创业，创业时立足于做大做全，花钱没有节制，更容易造成资金匮乏，导致企业的运营十分困难。所以，在创业之初就应该充分重视企业的现金流问题，降低财务风险。现实生活中，其实有很多花小钱赚大钱的创业故事，值得大学生创业者学习和借鉴。

（八）政策调整带来的风险

政策风险是指由国家和地区有关政策调整、行业整治等而导致创业者蒙受损失的可能性。在市场经济的条件下，由于受到价值规律和竞争机制的影响，各个企业激烈地争夺市场资源，都希望获得更大的市场自由，因而可能会触及国家的有关政策，而政策又对企业有相当强的约束力。一旦国家的政策发生调整，而企业的运行状况与国家政策不相容时，就会出现突变性风险，从而影响企业的生存和运营。这就需要创业者时时刻刻关注国家及地区的政策走向，要做政策允许的事情，紧跟政策方向才有利于开展创业活动。

三、创业风险识别的方法及步骤

创业风险识别是指创业者依据企业活动，运用各种方法对创业企业面对的现实及潜在风险加以判断、归类，并鉴定风险性质的过程，这样可以有效地把握各种风险信号及其产生的原因。风险识别是管理一切风险的基础性工作。

（一）创业风险识别的方法

识别风险需要一定的专业知识，必须根据风险的不同性质与产生条件，按照一定的途径，采用一定的方法或者借助一定的工具来实施。一般而言，风险识别的方法包括信息源调查法、数据对照法、资产损失分析法、环境扫描法、风险树分析法、情景分析法及风险清单法。下面对两种方法进行简单介绍。

1. SWOT 分析法

SWOT 分析法是一种根据企业自身的既定内在条件进行分析，找出企业的优势、劣势、机会与威胁的企业战略分析方法，使用简单是它的重要优点，即使没有精确的数据支持和更专业化的分析工具，也可以得出有说服力的结论。

2. 财务报表分析法

财务报表分析法指的是通过分析资产负债表、损益表和现金流量表等报表中的每一个会计科目，确定某一特定企业在何种情况下会有什么样的潜在损失及其成因。由于每个企业的经营活动最终要涉及资金，所以财务报表分析法比较直观、客观和准确。

（二）创业风险识别的步骤

创业风险的识别步骤如下：

（1）信息收集。信息收集是信息得以利用的第一步，也是最关键的一步。信息收集工作直接关系到创业风险的评价。首先，通过调查、问询及现场考察等途径获得相关信息；其次，需要敏锐地观察和科学地分析，对各种数据及现象做出处理。在实践中，创业者最好自己亲自整理信息，这样对信息的敏感性就会得到加强，便于更好地决策。

（2）风险识别。根据信息的分析结果，确定创业中存在的主要风险或潜在风险的范围。

（3）重点评估。根据量化结果，运用定量分析、定性分析、假设和模拟等方法，进行风险影响评估，预计可能发生的后果，提出可供选择的方案。

（4）拟订计划。根据评估结果，广泛征询建议，提出处理风险的方法和行动方案。

（三）创业风险识别中要注意的问题

创业风险的识别过程中需要注意以下问题：

（1）信息收集要全面。只有广泛、全面地收集信息，才能完整地反映管理活动和决策对象发展的全貌，为决策的科学性提供保障。收集信息可以通过两个途径：一是内部积累或者委派专人负债，二是借助外部专业机构的力量。专业机构可获得足够多的信息资料，有助于较全面、较好地识别面临的潜在风险。此外，不要只收集正面信息，对创业者而言，负面信息同样有很高的利用价值，它有助于更好地服务客户，避免犯错误，降低创业风险，提高创业的成功率。

（2）因素罗列要全面。根据企业在运营过程中可能遇到的风险，逐步找出一级风险因素，然后进行细化，延伸到二级风险因素，再延伸到三级风险因素。

（3）最终要进行综合分析，既要进行定性分析，也要进行定量分析。

四、创业风险的有效规避

在现实生活中，可以采取以下几个措施对创业风险进行有效规避：

（一）谨慎选择项目，避免盲目

一般来说，大学生创业者既要客观地分析自身的创业条件，也要冷静地分析创业环境。大学生在选择创业项目的时候，要尽量选择与自己的专业、经验、兴趣、特长相符合的创业项目。兴趣是最好的老师，只要对某项事情感兴趣，一般都能达到事半功倍的效果。创业项目一定要选择自己感兴趣或者热爱的行业，这样才能在创业之路上坚持下去。因此，在选择创业项目的过程中切忌盲目跟风，一定要选择自己最熟悉、最擅长、最有经验、资源最丰富的行业。

（二）虚心听取别人的意见，扩大自己的人际交往圈

当今时代是一个非常重视人际关系的时代，多认识几个人，多交几个朋友，能够极大地方便我们创业。在创业过程中，可以通过与一些初创企业家交换意见来避免走弯路；可以了解前辈创业者的经验，作为参考；也可以与消费者进行交流，找到自身的不足之处；这些都有利于提供更好的产品和服务以满足消费者。

（三）不打无准备之战

"谋定而后动，知止而有得。"在创业之前，要认真思考以下几个问题：你了解所选择行业目前的市场状况以及未来的发展潜力吗？要想获得成功必须具备哪些条件，你准备得怎么样了？你的产品的核心优势是什么？产品生产出来后，你怎么去操作市场？预亏期准备多长时间？只有认真思考这几个问题，创业者才能做到心中有数。创业是一项庞大的工程，涉及融资、选项、选址、营销等诸多方面，因此在创业前进行细致准备必不可少。例如，参加一些相关的创业培训，增强这方面的基础知识；根据自己的实际情况选择合适的创业项目，并试着写一份创业计划书，包括市场机会评估、营利模式分析、开业危机应对等，摸清市场情况，知己知彼，打有准备之战。

（四）撰写创业计划书

对初涉创业的创业者来说，创业计划书的作用尤为重要。一个酝酿中的项目往往很模糊，通过撰写创业计划书把各种因素都罗列出来，然后再逐条推敲，创业者就能对这一项目有更清晰的认识。在创业实践中，创业计划书可以作为创业的行动纲领。同时，在现实生活中，撰写创业计划书也是吸引外来投资的一个很关键的环节。

（五）做好资金筹措和财务管理

再好的创业项目也必须有资金支持，创业者一方面要努力筹集资金，另一方面也要合理利用资金，做好资金预算。一定要有计划，没有计划就会发现该办正事的时候钱没有了，钱都花到无关紧要的地方去了。创业初期，资金一般不会太多，好钢一定要花在刀刃上，同时加强财务制度建设和管理，实施稳健的财务政策，切不可好高骛远。

（六）尽快确定企业的核心竞争力

企业生产的产品常常面临激烈的市场竞争，这种竞争不仅存在于现有企业之间，同时还存在于现有企业与潜在进入者之间。企业可能由于生产成本高、缺乏强大的销

售系统、用户的转换成本过高而常常处于不利地位，严重的还可能危及企业的生存。下力气寻找产业或行业的市场缝隙，挖掘渠道资源，打造强有力的核心产品和服务，才是规避风险的一剂良方。

（七）培养团队协作，建立良好的创业团队

创业团队是创业过程中最主要的人力资本，一般情况下，创业团队的力量越大，创业所面临的风险就越小。良好的团队合作精神，可以更好地营造企业员工内部的归属感，有助于员工个人能力的提高，因为他可以从团队其他人的身上获得很好的经验，使自己的个人价值在合作中得到最大限度的发挥。因此，做到知人善任并建立一套有效的激励政策，是创业准备初期应该着重考虑的问题。拥有一个优秀的团队，可以使创业者在后期的创业之路上避免很多风险。

（八）注重实践，提高创业实战能力

经验不足，缺乏从职业角度整合资源、实施管理的能力，将大大影响大学生创业的成功率。要成功创业，最好先利用业余时间创立一些投资少、见效快、风险小的实体。培养自立自强的创业能力和适应社会的能力，通过实践增加创业体验，熟悉社会环境，学会社会交往。同时，做出创业决策前要深思熟虑，该想到的困难要想到，做到心中有数，避免准备不足，以克服决策的随意性。

当然，即使做了万分的准备，作为创业者，也不能完全将风险降为零。因此，大学生创业者要保持积极的心态，结合大学生既有的特长和优势，多学习，多汲取优秀经验，理性面对各种风险，做好事前预防，慎重筹划，创业就一定会取得比较好的实际效果。

■ 第三节　大学生寻找创业机会的途径和建议

一、大学生寻找创业机会的途径

当前，在国家大力鼓励大学生创业的大环境下，大学生寻找创业机会的途径越来越多，下面介绍七条主要的途径。

（一）利用课堂学习创业知识

现在，国家对大学生创业教育非常重视，许多高校也开设了创业课程，大学生可以充分利用校园生活环境和有利的学习条件，学习相关知识，锻炼自己的能力，为创

业打下坚实基础。目前，高校开设的创业课程注重培养学生自我创业的意识和企业家精神，其教育内容涉及企业方方面面，如产品设计技术、质量管理、销售、资金筹措、人际关系、商业法规及政府的有关法律章程等，这些知识会对大学生今后的创业产生巨大的影响，即使不创业，学习这些知识也会使大学生在工作中受益无穷。

（二）充分利用图书馆资源

大学图书馆是大学生获取知识的重要场所，里面有许多关于创业的报纸、图书和杂志，广泛阅读能够帮助大学生增长见识，扩大视野。

（三）利用电视和网络媒介

现在的电视和网络媒介非常发达，大学生创业者可以通过这些媒介学习到很多创业知识。此外，关于大学生创业的专业网站也有很多，例如全国大学生创业网。地方政府为了扶持大学生创业，往往也会建设相应的大学生创业网站。

（四）多参加社团活动和社会实践活动

社团活动是大学生素质拓展和创业实践的最好途径。积极参加社团活动，可以培养自己的良好品格、锻炼自己与人交往的能力，同时也可以提升自己的组织协调能力，这些都是大学生创业所必须具有的能力。

此外，大学生要高度重视社会实践活动，在社会实践中学习企业的生产运营、市场营销、人力资源管理等，将社会实践作为创业实践的前期尝试和探索。在创业心理、创业思维、创业知识和创业能力都已经具备的情况下，就可以很从容地进行创业了。

（五）积极参加创业计划竞赛

现在许多高校都组织了创业计划竞赛，这不仅激发了大学生的创业意识，培养了他们的创新能力，还促进了一些创业构思的诞生。创业计划是大学生走近市场、开展创业活动的第一步，现在许多高水平的创业大赛受到了媒体和投资机构的高度关注，许多项目还获得了风险投资基金的资金支持，比较有影响力的当属"挑战杯"中国大学生创业竞赛，不但参与的学校多，而且比赛水平高、影响范围广。

（六）主动与亲朋好友、师长和同学交流

现在大学生社会经历相对比较少，获取社会知识的一个重要来源就是身边的亲朋好友、师长和同学。由于这些人对大学生比较了解，往往更容易站在大学生的角度去思考问题。与这些人交流对大学生来说是一个重要的创业项目来源。同时，在创业初期，选择亲朋好友、师长和同学推荐的项目更容易获得他们的信任和支持，创业更容

易走上正轨，获得成功。

（七）积极参加各种社交活动，与商界人士广泛交流

积极参加各种社交活动的人往往是善于交流的人，大学生在学校里就应该培养自己良好的交往能力，这是进入职场或进行创业所必需的。

在现实生活中，有创业经验的人是很多的，他们通常也愿意将自己的创业经验与人分享，主动与这些人交流，就可能获得最直接的创业技巧和经验，这些技巧和经验往往是大学生在校园里学不到的。

总之，创业知识和创业机会广泛存在于大学生的学习和生活中，只要以积极的心态去思考、学习，克服自己的畏惧心理，总能找到有价值的信息和线索，从而为创业打下坚实的基础。

二、提高大学生创业成功率的建议

（一）选择创业项目

选择好的创业项目就意味着创业成功了一半。大学生创业应该尽量选择自己熟悉或感兴趣的行业或者领域，从风险收益角度来讲，这样可以降低自身投资的风险。另外，自己感兴趣的行业能够给自己更大的动力与激情。同时，大学生要结合自己的优势寻找项目，能够让自己扬长避短的创业项目才是最好的项目。

大学生可以利用自己的专业优势和专业技能进行创业，也可以通过技术入股的方式进行创业；结合自身优势，致力于服务业领域也是不错的选择。

（二）争取广泛支持

创业需要很多外在和内在的积累。一个成功的创业过程需要资金、项目、经验、团队、社会资源等要素的支持，这些要素往往决定了创业成功率的高低。在校大学生或带着项目初涉商海的硕士生、博士生往往富有激情，知识储备相对丰富，但是缺少经验、资金、社会资源的支持。因此，大学生创业者在创业时要争取获得更多支持，才能在创业道路上走得更顺利。

（三）营造创业环境

大学生缺少社会经验和商业经验，如果自己直接创业，往往会难以适应。创业之前，大学生可以去企业打工或实习，积累相关的管理和营销经验，同时积极参加创业培训，积累创业知识，接受专业指导，提高创业成功率。创业者可选择一个能提供有

效配套服务的创业园区落户，借助其提供的优惠政策、财务管理、营销支持等服务，使企业稳定发展。另外，还可以找一个经验丰富的企业管理咨询师做企业顾问，并积极借助各种资源，与各方面的人合作，千方百计给自己营造一个好的商业氛围，这对创业者的起步十分重要。

（四）资金运作计划

创业失败的风险极大，大学生初入社会，阅历不足，技能也相对薄弱，创业失败的风险会更大。同时，大学生的经济基础相对较弱，心理承受能力也相对欠佳，因此，创业应慎之又慎，应充分了解和创业相关的知识及技能后再做出创业决策，避免盲目创业。

有些大学生在创业时总希望取得较大的资金支持，其实，资金多意味着风险也大，创业与风险是相伴而生的，适当控制创业的风险也是保障创业成功的关键。这就要求创业时量力而为，结合自己的承受能力，开拓与自身实力相符的事业，而不能贪大求全；否则，一旦创业失利，极易使自己陷入困顿，一蹶不振。

（五）关注创业政策

在受到政策鼓励的行业中，符合政策导向的创业项目通常会享受税收、产地、人才、资金等方面的政策优惠，如果一个创业项目符合国家的产业导向，其成功的概率也就越大。

受到政策鼓励的行业往往表现出旺盛的生命力，因此大学生创业要重点关注国家的政策导向，关注那些有发展前景的行业。

（六）选择创业模式

目前比较常见的大学生创业模式有新创企业、收购一家现存的公司、连锁加盟、技术入股创业、创业孵化、兼职创业、网络创业等。每种创业模式都有其优点和缺点。例如，目前比较受到专家推崇的大学生创业方式是兼职创业，这种方式一般是利用自己的专业经验和拥有的厂家资源，在上班时间外进行创业尝试并增加收入，它的好处是没有任何风险，但应处理好本职工作和创业的关系。

案例展示

反观传统"铁匠"要如何转型才能不消失

案例一：黄昏来临，传统铁匠黯然神伤

吉林省吉林市的盘石市烟筒山镇南岗村，53 岁的李铁匠，在时代大潮的裹挟下，有些黯然神伤。

李铁匠的打铁熔炉已于 2016 年 4 月 2 日彻底凉了，打铁这个职业陪伴李铁匠大半生，一天前，他给一头牛挂了掌，收入 50 元。烧火、打锤、掌钳……全由他独自完成。乡村的备耕已经开始，给牛马挂掌的高峰期也随之过去。

铁匠行业已从鼎盛到衰落……

李铁匠的主要业务就是给牛马挂掌，在铁匠行业鼎盛时期，李铁匠一天可以制作牛马掌 20 多副，然后给牛马挂上 10 多副。备耕期一过，李铁匠每天打造的镰刀、锄头、铲子，每种每天会生产五六把，"从早忙到晚""一年干多少活没数"。

而时至今日，闲暇的时光彻底来临，"一年挂掌弄不好只有 30 副。"李铁匠曾是附近铁匠行当里的佼佼者，因师从父亲和姥爷，其可谓"根正苗红"。李铁匠认为自己是附近唯一"门槛旦"的铁匠。

李铁匠 14 岁时能打锤，23 岁可以烧火。29 岁，李铁匠自立门户，不但可以教徒弟看火，也不再需要父亲掌钳。李铁匠经常回忆起他年少时的荣光。

李铁匠预计，市场不可能往好的方向发展，他最终会和其他铁匠一样，"抡不动大锤"，彻底告别这个行当。"这玩意（铁匠活）没人研究啰，都过时了。"李铁匠说。不过，李铁匠仍有些不死心。他打听到，磐石城区一名小伙子从手工艺学校毕业，专门制作工艺品刀具，在网上的销路很好。李铁匠表示，他计划找明白人问问，制作这样的工艺品需要什么审批手续，他也想试试！

于是，长年放在李铁匠心中，一心想发扬光大的"打铁工作"，终于开始拨云见日了……

案例二：山东省济南市章丘铁匠的非典型转型

2010 年，张光灿于清华大学美术学院硕士毕业，并在当年任教于山东劳动技术学院。同年，张光灿找到了济南市章丘铁匠牛祺圣和牛大伟父子，希望他们能够为其打造雕塑作品"他们"。

牛祺圣父子用了足足一个月的工夫将其打造成功，同时也为牛家带来了一笔五位数的收入，这个价格让牛大伟动了心："一年打农具，也就混个三万来块钱，打一件艺术品，就等于全年收入的三分之一。"这也让牛大伟看到了商机："为什么一定要打农具，为什么不能用打铁的方式打造出工艺品？""什么叫铁匠？锅碗瓢盆、锄头镰刀、各种生活用品，你想打什么就打什么，这叫铁匠。开着机器打个零件那不叫铁匠，最多算是个打铁的。"牛祺圣这样说道。年轻时的经历让牛祺圣很明白，自己不能做一个"梳着清朝大辫子"的铁匠，而应该与时俱进，兼容并蓄，大胆创新。

因此，当牛大伟尝试创新时，牛祺圣选择的是无条件支持，而这也为牛家铁匠们的转型提供了无数的可能。"我最近正在给一些大学的学生和教授制作铁艺作品，效果还不错，而且也在尝试着创作工艺品进行销售。"相比于打造农具，铁质工艺品的打造确实能够给牛祺圣一家带来更高的收益，但是对于清华美院金属工艺专业硕士张光灿来说，只有这些还不够。"我们都在说匠人精神或者工匠精神，那么这种精神的本质是什么？"张光灿给出了答案，"就是手的思考和锻炼。"

在张光灿看来，这一点恰恰是中国目前最缺乏的东西："从教育这个层面来看，目前我们的动手能力很弱，而这也是中国创造最致命的问题之一。"为了解决这个问题，张光灿目前正与清华美院的潘毅群教授一起，尝试策划一个"铁匠营实践计划"活动。"目前选择了章丘和湖北大冶作为两个传承基地。"张光灿说。

后续这个故事还将继续往前推进……

牛大伟也在积极地跟张光灿联络，创作了一批铁质工艺品让张光灿进行指点。对此，张光灿也表示："实际上目前铁匠都存在这样一个问题，就是缺乏创造性，这也是非常致命的问题。工业革命也好，大工业时代也好，其实最初的发轫都是模仿手工业，但是现在作为手工艺的铁匠却在模仿一些工业制品，这也很让人担心。"

在张光灿看来，作为非物质文化遗产之一，章丘铁匠除了创新之外，还有更多的意义。"非遗传承的是什么？不只是技艺，更多的是一种信仰的传承，所以现在牛家铁匠的改变只是一个开始，我们希望可以通过这个传承保护，把铁匠存在的意义挖掘出来，比如说对于教育的帮助，对于精神上的传承。"

案例小结：

传统型的工作逐渐在消失，许多工作机会会被智能机械所取代，无法再回到过去……

任何一个时代，都会有人为变化而焦虑，为没赶上好时代而痛心；但也都会有人为变化而做准备，为即将到来的新时代而兴奋；关键是，你想做哪一个？

第七章
创业资源的获取与整合

学习目标

1. 了解创业过程中的资源需求和资源获取途径;
2. 了解获取创业资金的途径;
3. 掌握创业资源整合的过程和方法。

第一节　创业资源的概念及创业所需资源的类型

一、创业资源的概念

　　资源就是一个主体在向社会提供产品或服务的过程中，所拥有或者能够支配的实现自己目标的各种要素及其组合。创业本身也是资源重新整合的过程。创业资源是指创业者及其企业在创业过程中所需以及可以动用的资源。这些资源有的是有形的，有的是无形的，是创业者及其企业实现目标的必要条件，也是企业竞争力的重要来源。简单地说，创业资源就是创业者所需具备的一些创业条件。

　　美国著名的企业专家蒂蒙斯教授将资源、机会和团队并列为创业三大要件。在他看来，成功的创业者能够在有限的资源约束下创办企业并使之发展壮大。一般来说，创业者是先有资源再去创业，新创企业不可能也没必要拥有创业过程中需要的所有资源，这些资源都需要在创业过程中寻找并进行有效整合。大量创业事实表明，对资源的拥有权并不是关键，关键是能够对其他人的资源进行控制和影响，以及对资源进行有效整合。现实生活中，优秀的创业者在创业过程中所展现出的卓越创业技能之一是创造性地整合资源。

在创业实践中，不同的创业活动具有不同的创业资源需求。创业者应该根据创业活动的需要，认识不同类型创业活动的资源需求差异，并且对自身所拥有的资源进行合理的开发和利用，以满足不同创业企业的具体需求。

二、创业资源的类型

（一）按照资源要素对企业战略规划过程的参与程度分类

按照资源要素对企业战略规划过程的参与程度，可以将创业资源分为直接资源和间接资源（图7-1）。直接资源又可以细分为财务资源、管理资源、市场资源、人才资源。而政策资源、信息资源、科技资源这三类资源要素对于企业成长的影响更多地体现为提供便利和支持，而非直接参与创业战略的制定和执行，对于创业战略的规划起间接作用，可以把它们定义为间接资源。

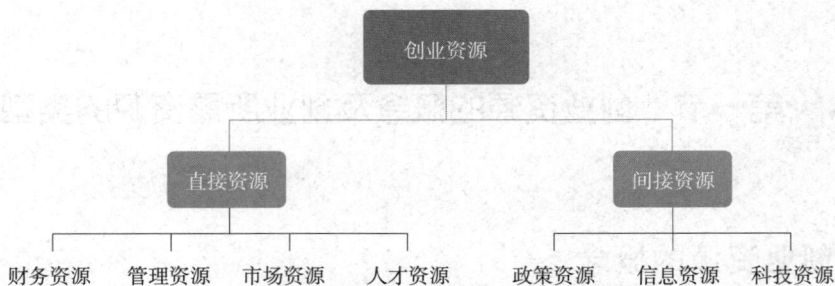

图7-1　按照资源要素分类

（1）财务资源：是否有足够的创业项目启动资金？是否有资金支持创业最初几个月的亏损？是否有一个完整的规范财务工作的制度体系？

（2）管理资源：是否有能力把先进的管理技术、方法、手段应用于生产经营管理实践？

（3）市场资源：是否拥有与市场密切相关的资源要素，包括营销网络与客户资源、行业经验资源、人脉关系、有利的经营许可权、企业现有的各种品牌、企业现有销售渠道、企业现有客户以及他们对企业产品或服务的忠诚度等。

（4）人才资源：是否有合适的专业化人才来完成企业的工作任务？是否能够科学、合理地使用人才，充分发挥人才的作用，以推动创业企业的迅速发展？

（5）政策资源：为支持大学生创业，国家和各级政府出台了许多优惠政策，涉及融资、开业、税收、创业培训、创业指导等诸多方面，能否利用这些有利的政策资源来推进创业？比如某些准入政策、鼓励政策、扶持政策或者优惠等。

（6）信息资源：需要哪些信息？在创业时依靠什么信息来进行科学决策，从哪里获得决策所需的信息？怎样获得有关创业资源的信息？

（7）科技资源：有哪些科技含量高的产品可以投入市场参与竞争？可以为社会提供什么样的产品和服务？核心技术是什么？如何利用好现有的科技资源？

（二）按照 Bamey 分类法分类

在创业资源中，创业初期所需的资源主要为财务资源和少量的厂房、设备等。按照 Bamey 分类法可以将创业资源细分为以下几种（图 7-2）：

（1）人力和技术资源，包括创业者及其团队的能力、经验、社会关系及掌握的关键技术等。

（2）财务资源，即以货币形式存在的资源。

（3）生产和经营资源，即在企业新创过程中所需的厂房、设施、原材料等。

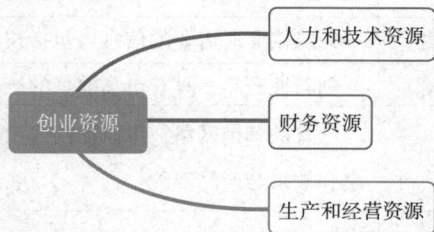

图 7-2 按照 Bamey 分类法分类

（三）按照创业资源的形态分类

按照创业资源的形态，可以将创业资源分为有形资源和无形资源。

（1）有形资源，是指具有物质形态、价值可用货币度量的一种简单资源。有形资源以产权为基础，以有形实物为主要特征，主要包括实物资产和资金。

（2）无形资源，是指具有非物质形态、价值难以用货币精准度量的一种复杂的资源。无形资源以知识为基础，以非有形实物为主要特征，主要包括社会资本、技术及专业人才、品牌等。

（四）按照创业资源在创业中的作用、来源及影响力分类

按照创业资源在创业中的作用、来源及影响力，可以将创业资源分为必备资源、支撑资源和外围资源，如表7-1所示。

表7-1　按照创业资源在创业中的作用、来源及影响力分类

资源类型	资源名称	资源内容
必备资源	资金资源	自有资金、亲戚朋友的借款、政策性低息贷款、各种政策与资助扶持的创新基金或科技基金、风险投资、天使投资，以及写字楼或孵化器提供的便宜的租金等
	场地资源	自有产权房屋、可以租借到的经营场所、科技园或工业园提供的低价场地、各种孵化器或创业园提供的廉租屋等
	人才资源	创业者自身素质、高效的创业团队、可以聘请到的管理人才及营销人才、专家顾问团队、优秀的员工等
	管理资源	企业诊断、市场营销策划、制度化和正规化企业管理的咨询
	客户资源	现实的客户和潜在的客户
	技术资源	对口的研究所和高校科研力量的帮助，与企业产品相关的科技成果，以及进行产品开发所需要的专业化的科技试验平台
	信息资源	完成创业所需要的信息，包括技术、行业、市场及政策信息
	产品资源	创新性产品、具有市场前景的产品等
支撑资源	营销渠道	已有的营销网络，可以使用或租借的营销渠道，营销渠道的效率和效果与产品匹配
	关系网络	个人关系网络，如亲朋好友、老师、同学等；社会关系网络，如创业前的业务合作伙伴；可以进行利益共享的交换群体；具有弱连接的社会关系等
外围资源	创业环境	涉及市场、行业、经济、法律、社会等各个方面，创业环境对创业者来说至关重要
	创业政策	行业准入政策、创业扶持政策、税收减免政策、工商注册支持政策、确保创业者利益的政策
	创业文化	人们在追求财富、创造价值、促进生产力发展的过程中所形成的思想观念、价值体系和心理意识，主导着人们的思维方式和行为方式

■ 第二节　创业资源的获取途径

拥有创业资源就可以创业？没有创业资源就不能创业？答案是不一定。创业关键在于发现机会，有效地利用和整合自己拥有或别人拥有且自己可以设法去支配的资源，从而将各种资源为我所用，发挥资源的效力。

从创业实例来看，多数人不清楚自己到底想要干什么，难以描述项目的具体内容，至于这个项目到底需要什么知识，未来的发展前景如何，更是一头雾水。这就需要大学生创业者在大量考察和分析的基础上，选择几个可能的项目，深入调研和考察之后选择其中一个作为主攻方向，进而研究创业项目的具体内容。至于需要哪些资源，需要根据具体项目而定。

如果是实业创业，比如开发某项产品，除了产品本身需要的技术，还要熟悉产品设计、工艺设计、包装设计等。

如果是服务创业，比如成立市场调研等智力类咨询公司，还需要了解从事该行业需要什么知识，如何才能做好服务工作等。

技术创业实践中，许多创业者自己拥有某项技术，便将技术投入市场二次开发直至产品面世。越来越多的"海归"选择技术创业之路。如果创业者自己没有相关技术，只是看好某个方面的技术和市场，他们通常会通过直接购买或联合开发来获取技术。这里一个重要的前提是，他们对此项技术的内容操作和前景相当熟悉，唯有如此，才能开展以技术为主的创业工作。

无论进行何种创业，创业者必须对创业有大概了解，并且知道创业所需要的关键性资源，具备与创业项目相关的知识和技能，能够分析市场前景及发展趋势。尽管创业者本人未必是此领域的专家，但至少应熟悉和了解这个项目，有意开展这个项目，否则创业难以成功。

一、获取技术资源的途径

获取创业企业所依赖的技术，途径有以下几种：

（1）吸引技术持有者加入创业团队。

（2）购买他人的成熟技术，并进行技术市场寿命分析等。

（3）购买他人的前景型技术，再通过后续的完善开发，使之达到商业化要求。

（4）在购买技术的同时引进技术持有者。

（5）自己研发，但这种方式需要的时间长，耗资大。

创业者需要随时关注高校老师或是学生的研发成果，定期去国家专利局查阅各种专利申请，养成及时关注科技信息、浏览各种科技报道、留意科技成果的习惯，以从中发现具有巨大商机的技术。政府机构、同行创业者或同行企业、专业信息机构、图书馆、新闻媒体、互联网等，都是获取这些信息的渠道，可以根据自己的实际情况与各种信息获取渠道的特点，选择一种或多种渠道，尽可能地获取有效的信息。

二、获取人力资源的途径

这里的人力资源不是指创业企业成立以后需要招募的员工，而是指创业者及其团队拥有的知识、技能、经验、人际关系、商务网络等。

创业前，如果有可能，可以在学习期间做一些产品的校园或者地区代理，不管是热水袋、拖鞋、牛奶、化妆品还是手机壳、数码产品、美容店等，都可以去尝试。这个过程中既能赚些钱，增长关于市场的知识，又可以锻炼组织能力，因为往往要组织两三人（不超过 5 人）的小团队；也可以考虑进入一个企业为别人工作，通过打工学习行业知识，建立客户资源，了解企业运作的经验，学习开拓市场的方法，认识营利模式。为了创业而到一个公司工作，应该选择什么样的公司呢？是世界 500 强之类的大公司还是小公司呢？在这一点上，迪斯尼公司总裁加里·威尔逊·沃特的观点为："在一个小公司的资深层任职，可以给你一种广阔的视野并向你提供更具创意的机会，涉猎范围广泛，有利于为大公司发展经营战略打下良好的基础。"

三、获取营销网络的途径

营销网络将帮助新创企业的产品或服务走向市场，赢得用户的"货币支持"。一般情况下，新创企业可通过以下途径获取营销网络：

（1）借用他人已有的营销网络，使用公共疏通渠道。

（2）自建营销网络与借用他人营销网络相结合，扬长避短，使营销网络更适应新创企业的要求。

四、获取外部资金的途径

对于外部资金，一般可通过以下五种途径获得：

（1）向父母及亲朋好友筹集资金，双方形成债权债务关系。

（2）抵押、银行贷款或企业贷款。

（3）争取国家或地方政府政策的资金支持。

（4）所有权融资，包括吸引新的拥有资金的创业同盟者加入创业团队，吸引有资金实力的企业以股东身份向创业企业投资、参与创业获得，以及吸引企业孵化器或创业投资者的股权资金投入等。

（5）拟订一个详尽可行的创业计划，以吸引一些大学生创业基金甚至风险投资基金的目光。

五、获取专家资源的途径

（一）书籍和研讨会

不要低估了好的商业书籍和研讨会的力量，这种力量能在一定程度上启发和指导创业者，并且能把创业者从因缺乏经验而导致的失误中解救出来。这些资源可以提供基本的商业原则和案例，还可以提供一般的咨询建议，比如如何撰写创业计划书，如何进行创业项目的选择和评估等。

（二）商业教练

自助资源可以提供一般性的建议，而商业教练可以针对创业者遇到的具体问题提供一对一的指导服务。他们一般按月收取固定的费用，服务项目包括固定的咨询时间和特定的项目计划。好的商业教练拥有多年经验，能够分析企业的业务模式，找出缺点，提供改进建议，发现日常问题并给予解决，以及对销售、营销、招聘和团队管理等领域进行调整。

商业教练最好是当地人，以便于直接观察公司的运营情况，提供培训支持，并且可以随叫随到。要确保与商业教练的关系融洽，以便他们的专业知识和方法能充分帮助到企业。这类合作是长期关系，需要良好的沟通和相互尊重。创业者应选择一个商业背景丰富的商业教练，而不能仅仅选择一个行业专家，因为要想创造性地解决问题，他必须要帮助创业者摆脱所在行业的固有观念的束缚。

（三）咨询顾问

对于策略性问题，比如突破产品制造瓶颈等，要求助于具备相关知识的外部咨询顾问。

在寻找咨询顾问时，尽可能从类似项目的客户那里得到推荐或者介绍，并且准确估计工作时间，还要让咨询顾问提供相关文档，以供日后解决类似问题时参考。

在恰当的时候获得专家建议，可以在创业初期避免代价昂贵的错误，比如过于乐观的销售预测、盲目的市场战略等。专家还可以根据客户反馈、市场环境变化和公司内部问题等提供中期修正建议。从长远来看，正确的指导可以避免企业走弯路，以及其他的计划性失误。

（四）政府部门专家

当前，各地政府和高校均非常关注和支持大学生创业，许多地方出台了相关政策，组建专门的创业顾问团，对大学生创业者实行一对一的免费辅导。许多专家具有丰富的工作经验，他们可以给大学生创业者提供帮助和支持。

（五）高等院校创业指导教师

近年来，各高校基本上成立了大学生创新创业中心，并委派专人对大学生的创业活动进行指导，这些指导基本上是无偿的。各高校提供的创业指导主要包括技术指导、信息交流、创业资金申请、创业经验分享、创业政策宣讲等。大学生创业时，一定要注意多和学校相关专家、教授交流，让自己的创业之路越来越宽，越来越平坦。

■ 第三节　创业资源的整合

任何一个创业者都不可能在创业之初就解决创业中涉及的所有问题，也不可能把一切创业资源都备足，大学生创业成功的关键在于要学会进行资源整合。资源整合不仅是创业过程中的一个重要原则，也是创业企业借势发展、巧用资源、优势互补、实现双赢的重要方法。

大部分创业者在创业之初都受到了环境资源的约束，资金不足、资源缺乏、没有经验、不会经营。在这种情况下，掌握创业资源整合的能力，并在此基础上进行各种创业要素的最佳整合，就能突破资源约束、成功创办企业。

对于创业者来说，只要是对创业项目和创业企业的发展有所帮助的要素，都可以归入创业资源的范畴。创业资源中最基本的资源是资金和人力资源，除此之外还包含技术支持、销售渠道、潜在客户、咨询机构甚至政策法规等各种各样的内容。创业者既要积累个人资源，也要善于创造性地整合社会资源。

一、创业资源整合的概念

所谓资源整合，是指企业对不同来源、不同层次、不同结构、不同内容的资源进行识别与选择、汲取与配置、激活与融合，使之具有较强的柔性、条理性、系统性和价值性，并对原有的资源体系进行重构，摒弃无价值的资源，以形成新的核心资源体系的复杂的动态过程。

在资源整合的过程中，应注重以下重点资源的优化和利用：政策资源、信息资源、资金资源、人力资源、管理资源、科技资源。在创业过程中，要想取得好的成效，就要在这几个重点资源的利用上进行优化与配置，达到资源利用效率最大化。

二、创业资源整合的意义

资源整合可以帮助大学生创业者进行科学的规划和决策，因此具有重要意义，具体体现在以下几点：

（一）有利于发现市场机会

资源整合的过程，实际上是一个创业者自我审视、自我评价的过程，也是一个对整个行业进行深入分析和研究的过程。通过资源整合，创业者能够发现自身的优势和劣势，了解哪些事情是可以做并且能够做的，哪些市场是空白点，在哪些领域具有较强的市场竞争力，有助于创业者发展资源优势，在创业过程中发现机会、把握机会。

（二）提高企业核心竞争力

资源整合是企业竞争力的主要源泉，市场竞争优势常常属于那些善于进行资源整合的企业，而不属于那些拥有大量资源的企业，也不属于那些投入巨资进行新资源开发的企业。也就是说，竞争优势的真正来源是企业对资源的整合能力，这种能力使企业高层管理人员能够基于对未来发展趋势的正确预测而有效地识别与选择、汲取与配置、激活与融合企业内外部资源、新旧资源、个体与组织资源、横向与纵向资源，通过持续不断的资源整合，提升企业的竞争优势。因此，在企业资源管理过程中，应该采取相应的整合策略，以提高企业资源整合能力，这样才能有效地提高企业整体的资源竞争力，从而增强企业竞争优势。

（三）促进企业可持续发展

创业之初，创业者所需的各项资源往往只能依靠创业者通过自身努力获取。由于新创企业的高度成长性，在其迅速成长扩张的过程中，组织很快就发展到一定规模，创业者会发现通过自身努力获取的资源远远不能支持企业的发展，为了使企业能够继续发展，外围环境给予企业一定的资源支持是相当必要的。

（1）从我国的创业环境来看，创业活动需要相应的政策扶持，只有在政策允许和鼓励的条件下，企业才能获得更多的国内外人才、贷款、投资、各种服务与优惠等。这就需要新创企业随时关注国家政策的变化，在创业过程中，不要为了眼前利益而忽视了长远利益；与国家相关政策不符，将会引起舆论攻击，使企业发展受阻。

（2）由于新创企业是新进入者，对于信息资源的把握处于劣势。由于竞争十分激烈，新创企业更加需要丰富、及时、准确的信息，以争取更多的生产要素资源，为创业者制定研发、采购、生产和销售的决策提供指导和参考。充分了解各种市场信息，可以为企业带来市场趋势预测，为企业的各种工作开展提供一个较安全的环境，促进企业持续发展。

（3）资金资源对于任何一个企业都非常重要。对于新创企业来说，无论是进行产品研发还是生产、宣传、销售，都需要大量的资金，如何有效地获得资金资源是每个创业者都极为关注的问题。这就需要企业充分利用现有的各种资金，不能花冤枉钱、做无用功；做好自己的各种优势报告，抓住投资者的眼光，获得其投资。

（4）高素质人才的获取和开发是现代企业可持续发展的关键，特别是对技术要求较高的新创企业，人才资源则更为重要。新创企业要善于对员工进行培训，培养员工创新能力，挖掘员工潜力，为企业的发展奠定基础。

（5）一些新创企业的管理者大多是专业技术人员出身，他们本身具备较强的科研能力，但是对于企业管理知识往往有所欠缺，很多企业都由于管理不善而失败，这意味着一套完整而高效的管理制度是新创企业宝贵的资源。企业要建立符合发展的企业文化，培养员工的归属感和认同感，凝聚员工力量，为员工提供一个较好的发展环境和创新氛围；采取合理的激励及保险制度，使员工自我感觉是团队一员而不是局外人，他们才能不遗余力地为公司的发展做各种努力。只有这样，才能让企业发展得更好、更远。

（6）对于新创企业来说，应积极寻找并引进有商业价值的科技成果，充分利用科技促进企业创新，推出新品，吸引更多消费者，提高企业竞争力。企业有较强的竞争力，才能在激烈的竞争中占领市场，继续发展下去。如果企业没有竞争力，就会在竞争中处于劣势，发展将会止步或落后。

（四）有利于进一步加强企业管理

企业是一个管理性组织，要对已有的经营思想、管理模式、人事制度等内部资源进行整合，因地、因时制宜，以适应经济全球化的需要。企业不能墨守成规地坚守陈旧的管理模式，失去获得更好的外部资源的机会。这就需要管理者根据经济发展的趋势，提高企业内部管理的科学性、合理性，以获得外部关注，进而获得发展。在经济全球化过程中，企业外部市场环境和内部资源对于企业制定和实施战略都是十分重要的，资源整合是企业绩效的重要源泉。

在新创企业发展过程中，对各种资源进行有效的整合与利用是企业发展的一大重要因素。如果没有较好地进行资源整合与利用，企业本身拥有的和从外部获得的各种资源就发挥不了作用，不能为企业带来促进作用，相反还可能影响企业的形象。在这个充满各种激烈竞争的社会中，空有丰富资源却无法使其发挥效益，就会使外界质疑企业能力，进而影响企业发展。企业要学会对外部资源进行整合与利用，使其发挥最大作用，提高企业竞争力；对内部资源进行合理的整合与利用，使内部运作合理化，没有资源闲置，推进企业发展。现代企业之间的竞争主要体现在企业如何利用拥有的资源获取最大的利益，资源整合能力的较量已成为企业界一个新的竞争角度。

三、创业资源整合的过程

资源整合的过程可以分为四个子过程，即资源扫描、资源控制、资源利用和资源拓展。这四个子过程在时间上并不是完全分离的，而是相互影响、相互衔接的。

（一）资源扫描

创业者要认识到自己的资源禀赋以及企业拥有的最初资源，将已拥有的资源识别出来，包括己方所有有价值的有形资产和无形资产，如人才、技术、设备、品牌等，找到资源的优势和不足，认清战略性资源和一般性资源，确认资源的数量、质量、使用时间及使用顺序。扫描内部已有资源的同时，也要对外部的资源进行扫描，及时发现新创企业所缺资源，了解所缺资源如何获得，以及谁拥有这些重要的资源，对资源拥有者的利益需求进行深度分析，并与自己所拥有的资源进行比较，找到利益的契合点。这通常需要创业者具有广博的行业知识和一定的社会关系。创业者在创业初期会利用自己较易获得的资源网络，随着业务的发展而逐渐扩充这一网络。

（二）资源控制

资源控制的范围包括创业者自身拥有的资源、通过交易等可以获取的资源，以及通过社会网络等形式可以控制的资源。创业者自身拥有的资源（包括教育背景、经验、声誉、行业知识、资金和社会网络）在许多情况下存在于社会团队中。在特定的行业，创业团队成员的社会网络资源和技术对于企业的成功至关重要。在获取资源的过程中，要判断这种资源的获取对实现企业的目标是否关键，并且创造性地设计出双赢的合作方案，形成长期互利的关系。

（三）资源利用

企业资源在未整合之前大多是零碎的、低效的，要发挥这些资源的最大使用价值，使其产生最佳效益，就必须运用科学的方法对各种类型的资源进行细化、配置和激活，将有价值的资源有机地融合起来，使它们相互匹配、互为补充、互相增强。资源在整合并转化为企业内部的独特优势之后，创业者需要协调各种资源之间的关系，匹配有用的资源，剥离无用的资源，通过协调，使资源之间的关系更加紧密，更加具有匹配性，形成"1+1>2"的局面，为企业的拓展奠定基础。

（四）资源拓展

资源拓展是指使以前没有建立联系的资源建立联系，将新获取的资源与已有的资源进行连接和融合，进一步开发潜在的资源为企业所用，又称再开发。即开拓资源的范围和功能，为下一步识别、获取、配置和利用资源奠定坚实的基础。这也是企业持续竞争优势的根本来源。资源拓展为企业带来新的能力，从而使其充分地发现和把握创业机会。

四、创业资源整合的类型

（一）人脉资源整合

著名的成功学大师戴尔·卡耐基说过："专业知识在一个人成功的作用中只占15%，其余的85%取决于人际关系。"斯坦福研究中心的一份调查报告指出："一个人赚的钱，12.5%来自知识，87.5%来自关系。"在创业中，整合人脉资源，更好地借力发力，是创业取得成功的关键因素。

人脉资源根据重要性程度可以分为核心层人脉资源（家庭成员、老板、顶头上司、重要客户等）、紧密层人脉资源（其他领导、一般下属、次重要客户、有影响的同学等）和松散备用层人脉资源（公司未来可能的接班人选、一般客户、同学等）。在创业过程中，创业者重点依靠的是核心层人脉资源。

在创业实践中，人脉资源整合的主要途径有：参与社团获得，扩张人脉链条；参加培训，搭建人脉平台；了解人脉，满足需求。同时要不断积累自己的人脉资源，给他们细心呵护和关怀，随着创业的进一步深入，人脉资源的整合力度将越来越大，这将为企业的发展提供强大的支持。

（二）信息资源整合

在大数据时代，如何整合信息成为创业者取得成功的一大挑战。整合好信息资源，不仅有利于创业者发现市场机会，也有利于其进行科学的决策。

要加强信息资源整合，首先，要努力了解、分析包括竞争对手、政府、行业、合作伙伴、客户等在内的周边环境的变化信息。其次，要认真研究这些信息，分析哪些信息是有价值、有意义的，特别要关注信息组合在一起将会有什么样的结果。最后，要建立信息管理系统，在创业实践中不断去完善。

（三）技术资源整合

对于许多新创企业来说，创业的核心竞争力是技术，技术在很大程度上决定了所需创业资本的大小、创业产品的市场竞争力和获利能力。技术资源的主要来源是人才资源，重视技术资源的整合也就是注重人才资源的整合。

（四）行业资源整合

很多新创企业的成功得益于做自己熟悉的行业。作为创业者，要了解和掌握某个行业的各种关系网，比如业内竞争对手、供货商、经销商、客户、行业管理部门等，熟悉本行业企业的运营情况。如果对某个行业不太了解，或者根本就不了解，只是觉得可以赚钱就盲目跟进，那么，创业很有可能半途而废。行业好并不代表每个创业者都可以在这个行业获得成功。

（五）政府资源整合

掌握并充分整合创业行业的政府资源，享受政府的扶持政策，可以使创业企业少走许多弯路，达到事半功倍之效。

政府的各种创业扶持政策主要包括财政扶持政策、融资政策、税收政策、科技政策、产业政策、中介服务政策、创业扶持政策、经济技术合作与交流政策、政府采购政策、人才政策等。

五、创业资源整合的方法

创业者能否成功地开发出创业机会，进而推动创业获得向前发展，通常取决于他们已掌握和能整合到的资源，以及对资源的利用能力。许多创业者早期所能获取与利用的资源都相当匮乏，而优秀的创业者在创业过程中所体现的卓越创业技能之一就是创造性地整合和运用资源，尤其是能够创造竞争优势并带来持续竞争优势的战略资源。尽管与已存在的进入成熟发展的大公司相比，新创企业资源比较匮乏，但实际上创业者所拥有的创业精神、独特创意及社会关系等资源，却同样具有战略性。因此，对创业者而言，不仅要借助自身的创造性，用有限的资源创造尽可能大的价值，而且要设法获取和整合各类战略性资源。

（一）善用资源整合技巧

创业总是与创新、创造及创富联系在一起。一位创业者结合自身创业经历提出了这样的观点：缺少资金、设备、雇员等资源，实际上是一个巨大的优势，因为这会迫使创业者把有限的资源集中于销售，进而为企业带来现金。为了确保公司持续发展，创业者在每个阶段都要问自己，怎样才能用有限的资源获得更多的价值创造。

1. 学会拼凑

拼凑是指在已有元素的基础上，不断替换其中的一些元素，形成新的认识。

很多创业者都是拼凑高手，通过加入一些新元素，与已有的元素重新组合，形成在资源利用方面的创新行为，进而可能带来意想不到的惊喜。

创业者通常利用身边能够找到的一切资源进行创业活动，有些资源对他人来说也许是无用的、废弃的，但创业者可以通过自己的独有经验和技巧加以整合与创造。例如，很多高新技术企业的创业者并不是专业科班出身，可能是出于兴趣或其他原因，对某个领域的技术略知一二，却凭借略知的"一二"敏锐地发现了机会，并迅速实现了相关资源的整合。

整合已有的资源，快速应对新情况，是创业的利器之一。拼凑者善于用发现的眼光洞悉身边各种资源的属性，将它们创造性地整合起来。这种整合很多时候甚至不是事前仔细计划好的，而往往是具体情况具体分析、"摸着石头过河"的产物，而这也正体现了创业的不确定性特性，并考验创业者的资源整合能力。

2. 步步为营

步步为营指在缺乏资源的情况下，创业者在多个阶段投入资源，并在每个阶段投入最少的资源的方法。美国学者杰弗里·康沃尔指出：在有限资源的约束下，采用步步为营的办法整合资源，不但是最经济的方法，而且是一种获取资源满意收益的方法。由于创业者难以获得银行、投资家的资金，为了使风险最小化、审慎控制和管理、增加收入等，采用步步为营的办法整合资源，其有以下作用：

（1）在有限资源的约束下，寻找实现创业目标的途径。

（2）最大限度地降低对外部资源的需要。

（3）最大限度地发挥创业者投入在企业内部的作用。

（4）设法减少资源的使用量等，以降低成本和经营风险。

（二）发挥资源的杠杆效应

杠杆效应就是以尽可能少的付出获取尽可能多的收获。美国著名的投资银行家罗伯特·库恩说过："一个企业家具有发现价值和创造价值的能力，就具有在沙子里找到钻石的功夫。"利用其他企业的资源来完成自己创业的目的，用一种资源补足另一种资源，识别一种没有完全被利用的资源，能看到一种资源怎样被运用于特殊的方面，说服那些拥有资源的人让渡使用权，这意味着创业者并不被他们当下控制的或支配的资源所限制，他们大量地使用创造性的方式撬动资源。发挥资源杠杆效应的优势体现在以下方面：能比别人更加长久地使用资源；更加充分地利用别人没有意识到的资源；利用他人或者他人的资源，产生更高的复合价值；利用一种资源获得其他资源。

（三）设置合理的利益机制

资源通常与利益相关，创业者之所以能够从家庭成员那里获得支持，就是因为家庭成员之间不仅是利益相关者，更是利益整体。既然资源与利益相关，创业者在整合资源时，就一定要设计好有助于资源整合的利益机制，借助利益机制把潜在的和非直接的资源提供者整合起来，借力发展。因此，整合资源需要关注有利益关系的组织或个人，要尽可能多地找到利益相关者。同时，分析这些组织或个体与自己想做的事情有无利益关系，利益关系越强、越直接，整合到资源的可能性就越大。

共同利益的实现需要共赢的利益机制做保障，共赢在多数情况下难以同时赢，更多的是先后赢，创业者要设计出让利益相关者感觉到赢而且是优先赢的机制。在创业实践中，对于在长期合作中获益、彼此建立起信任关系的合作，双赢和共赢的机制已经形成，进一步的合作并不很难。

案例展示

诸葛亮资源整合的力量

在三国演义中，由于诸葛亮的智慧胜过周瑜，所以周瑜很是忌妒诸葛亮。有一次周瑜以战争为借口，要诸葛亮在三天内造出十万支箭，诸葛亮毫不犹豫地答应了。那时刘备手下的其他将领都很替他担心，但诸葛亮却轻松地说他自有妙计。诸葛亮要利用什么计谋脱困，借到十万支箭呢？

诸葛亮悄悄找来东吴谋臣鲁肃，对他说："请你借给我二十条船，每条船上要三十名士兵。船用青布盖起来，在船的两边扎上一千多个草把子。"鲁肃答应了。到了第三天四更时，诸葛亮和鲁肃坐着这二十条船来到江里。这时大雾漫天，江上的人面对面都看不清。船靠近了北岸曹军的水寨，诸葛亮下令把船一字摆开，叫船上士兵擂鼓呐喊。

曹操摸不清虚实，不敢出兵，调集了一万多士兵朝江里放箭，箭好像下雨一样。诸葛亮又把二十条船掉个头，继续擂鼓呐喊。天快亮了，雾还没有散。这时船两边的草把子上已经插满了箭，于是诸葛亮下令返回，这时曹操才知道上了当。

鲁肃很佩服诸葛亮，问道："先生怎么知道今天有大雾呢？"诸葛亮说："做将军的怎么能不知道天文、地利和阴阳呢？三天前我已经算到今日有大雾了。"

就这样诸葛亮完成了造箭任务。

诸葛亮上知天文下知地理，还利用资源整合的大战略解救了自己。

诸葛亮被大家喻为智慧的化身，他一生中的很多传奇故事都跟"借"字有关：借天时、借地利、借人和、借荆州、借东风、草船借箭、借火、借雨等。

诸葛亮在古时条件有限的环境下，充分利用了自然环境与人文环境的便利，成就了大业，这也是资源整合的智慧。他借的都不用还，所以他是"借"又不是"借"，事实上他是在整合，因为整合是不用还的。反观现代企业的管理，最缺乏的恰恰就是这种"借"的智慧。

假如用一个字来替代资源整合，那就是"借"。

第八章
创业团队

学习目标

1. 了解创业团队；
2. 了解团队管理的重要性和如何管理团队；
3. 了解员工管理和企业管理。

第一节　创业团队概述

一、什么是创业团队

"团队"这个概念，一说最早大约于20世纪60年代，由 IBM 最先提出，大意是为完成某项工作任务或计划，而临时成立的一种小型化的工作组织；另一说则是最早由管理学家斯蒂芬·P.罗宾斯提出：团队就是由两个或者两个以上的相互作用、相互依赖的个体，为了特定目标而按照一定规则结合在一起的组织。他进而提出组成团队的5个重要构成要素，简称5P，即目标（Purpose）、人（People）、定位（Place）、权限（Power）、计划（Plan）。不管采用哪个定义，我们把它简化为：团队，是为了"共同的目标"而"在一起工作"的群体。一个真正的团队应该有一个共同的目标，即成员之间相互依赖、相互影响，并且能够很好地合作去追求集体的成功。团队中最重要的两方面是共同的目标和团队的意识。形成团队最重要的因素包括：第一，强有力的领导核心；第二，职业化的团队成员；第三，共同的工作方法；第四，互补的工作技能；第五，明确的责任分工。有了共同的目标，团队才能成形；没有团队意识，团队就注定走不远。但真正的团队合作，领导、成员、工作方法、技术互补、责任分工，所有这些都是团队必须考虑并且必须做好的事情，这是形成团队的最重要因素。

创业团队是在创业初期（包括企业成立前和成立早期），由一群才能互补（分工）、责任共担、愿为共同的创业目标而奋斗，并能做到利益让渡的人所组成的特殊群体。

创业团队是为进行创业而形成的集体。它使各成员（包括创业搭档团队成员）联合起来，在行为上形成彼此影响的交互作用，在心理上意识到其他成员的存在及彼此相互归属的感受和工作精神。

这种集体不同于一般意义上的社会团体，它存在于企业之中，因创业的关系而连接起来却又超乎个人、领导和组织之外。它的范围比创业搭档团队要大一些。优秀创业团队具有的基本因素：一个胜任的团队带头人；彼此十分熟悉，能够相互很好地配合的团队成员；创业所必需的足够的相关技能。

狭义的创业团队即初始合伙人团队，广义的创业团队不仅包括狭义的创业团队，还包括与创业过程有关的各种利益相关者，如风险投资家、专家顾问等。

二、创业团队的组成

（一）组建创业团队的原因

创业追求的不是把自己变成一个永动机，而是要创造一种即使不需要自己亲自操作所有事，业务仍然在自行运转的系统，这就是团队。毕竟自己的精力和创造力有限，而自己全身心投入的时候又往往过于深陷同一件事，无法和外界的新事物、新机遇接触。所以就算是为了不掉队，或者让自己身心始终保持有热情的状态，创始人也应当在创业中组建团队，让自己能从一线事务中抽身出来，这样也可以更好地从全局去看项目。组建团队，可以一开始把一些非核心但是又很占用时间的事务交出来给团队成员，慢慢地根据大家各自所长，专人做专事。创始人最终最佳的状态就是，即使他不在，这个团队也能持续创造利润，而创始人可以寻找更多的资源和机会点，给业务注入其他血液。

（二）创业团队组建的基本原则

（1）要有相同的并且明确的目标。目标不一样，价值观不同，这个团队无法形成一股力。

（2）要在知识、技能、经验等各方面都实现互补，能够产生协同效应。

（3）精简原则。在初创时，所有的事情要尽可能地精简，这其实是有利于把信息不对称和沟通的壁垒降低。

（4）动态开放。创业过程都充满了不确定性，团队人员产生流动，在这样的情况下，要在公司内部形成一种简单但有效的团队文化。只有这样，才能在动态和开放的情况下不断前进。

（三）组建创业团队的 3C 理论

（1）互补（Complementary），想把创意做出来、做强做大，就要主动寻找相关人才、不同领域的人才，这样可以产生互补效应。

在一般情况下，普通创业者没办法实现小米那样完美的人才配置。作为一名创业者，不论想法多么伟大，或者多么细小，只有一个人是做不成什么事情的，需要找到合伙人一起做事。找到合适的人，用梦想去打动他们，让他们补足自己的短板。

（2）认同（Chemistry），要找那些价值观一致，互相理解的人一起做事。一起创业的人，要有渊源，要有认同。

（3）求同存异（Compromise），一个优秀的新创企业，要具备求同存异的创业文化。要敢于争议，也要乐于妥协；要能跟领导拍桌子，也要坚决地执行领导的指示。没有妥协精神，没有高度的默契，是不行的，要建立起一个良好的协商机制。

凝聚一个团队的核心要素是股权，创业的本质，就是为了股权而创业，而不是为了做自己喜欢的事情而创业。股权设计是创业团队的核心要素之一，股权设计不合理，就会出现重大问题。

三、团队人员分工

（一）创业团队的八个主要职务

（1）主导者：耐心听取别人的意见，但在反驳别人的意见时会表现出足够的强硬态度；能很好地授权于他人，是一个好的咨询者，一旦作了决定不轻易变更。

（2）策划者：是一个"点子型的人才"，知识面广，思维活跃并且发散，喜欢打破传统。

（3）协调者：能够引导一群不同技能和个性的人向着共同的目标努力；成熟、自信，办事客观，不带个人偏见；除权威之外，更有一种个性的感召力；在团队中能很快发现各成员的优势，并在实现目标的过程中妥善安排。

（4）信息者：其强项是与人交往，在交往的过程中获取信息；对外界环境十分敏感，一般最早感受到变化。

（5）创新者：拥有高度的创造力，思路开阔，观念新颖，富有想象力，有挑战精神，会推动变革；爱出主意，其想法往往比较偏激且缺乏实际感。

（6）实施者：会将主意变为实际行动；非常现实、传统，甚至有点保守；崇尚努力，计划性强；有很好的自控力和纪律性；对团队忠诚度高，为团队整体利益着想而较少考虑个人利益。

（7）推广者：说干就干，办事效率高，自发性强，目的明确，有高度的工作热情和成就感；遇到困难时，总能找到解决办法，而且一心想取胜，具有竞争意识。

（8）监督者：对工作方案的实施等实行监督；喜欢重复推敲一件事情，决策时能把范围很广的因素都考虑进去。挑剔，但不易情绪化，思维逻辑性很强。

（二）优秀团队领导者需要的素质

成功的企业家从不孤单。对于一家新创企业来说，没有什么比一个好的团队更重要。一个优秀的团队并不意味着每个人都能独当一面。如果团队中每个人都有各自的想法，那么团队就无法凝聚。事实上，在一个团队中，"领导者""思考者"和强有力的"执行者"三者都不可少。各种角色要各司其职，才能在团队中发挥出最大的战斗力。那么，一个优秀的团队领导者需要有什么样的素质，才能充分发挥团队的最大战斗力呢？

（1）需要明白一个创业团队的核心就是团队领导者。一般来讲，投资者对于新创企业最看重的不是项目怎么样，构思好不好，而是领导者人怎么样。那么一个好的领导者应该是什么样的呢？就好比比尔·盖茨和乔布斯，虽然他们的气质或者工作形式都不同，但是他们的一些基本品质还是相同的。

（2）需要正义而不会泛滥的责任感。权力和责任是平等的。既然是领导者，就没必要说权力。希望你能在关键时刻挺身而出，团队遇到困难时不会放弃，遇到问题也不会推卸责任。作为一个优秀的领导者，责任感是第一位的。

（3）一锤定音的魄力。既然是一个优秀的创业团队，就是从无到有，做别人认为不可能的事情。前方的路总是充满荆棘。许多创业团队一直对产品设计、商业模式、招聘和开除员工、融资等问题进行讨论，谁也不能说服别人，就像没头苍蝇一样。这些都极易造成创业团队内部混乱、业务停滞，这也是创业团队失败的主要原因之一。好的领导者会选择在关键时刻采取行动。即使是通过劝说、胁迫等方式，一个好的领导者也会说服团队并保持强大的执行力。这些都是基于责任感之上。

（4）需要长远而开阔的视野。爱好广泛，涉及领域多，什么都懂一点。一般来说，很少有人能如此准确地预测"未来趋势"，而且肯定这就是"未来趋势"。一个伟大的企业创始人必须能够做到这一点：乔布斯认为个人电脑和智能手机可以改变世界，就领航了苹果和 iPhone。所以一个好的领导者至少应该有梦想和远见。

（5）需要一颗温暖的心和冷静的头脑。创业者要具备协调和组织能力，能够根据每个人的能力和特点合理分配团队成员的工作，协调各部门之间的工作，建立企业经营机制和企业文化，统筹企业的整体方向。

（三）合理的角色分工

合理的角色分工会让整个团队的业绩都提高很多，团队也稳定和睦；不合理的角色分工会让团队的业绩很受影响，团队成员之间的友谊也不牢固，由此可见团队合理的角色分工是多么重要。一个团队当中合理的角色分工能够令团队和谐、高效，反之，则可能令团队不稳定、冲突不断、效率较低。

西游记团队一直被认为是团队建设的典范，那么我们来看看在这样一个模范团队中的分工是什么样的。一个团队中通常包括了九种角色：资源调查员、实干家、协调者、智多星、鞭策者、监督评论员、凝聚者、善始善终者和专家。在团队中，一个人可以身兼多种角色，而多个人也可以共同承担某一种角色。团队中的角色是如何产生的呢？一种是由制度规定的（或者是管理者指派的），还有一种是在团队实际运作中自然形成的。我们一起来看一下西游记团队中的角色分工。唐僧扮演了鞭策者、凝聚者和善始善终者的角色，唐僧将孙悟空、猪八戒、沙和尚和白龙马凝聚在一起，到西天去取经，尽管路途遥远、历尽磨难，但他始终坚持、不放弃，不达目的不罢休，并且在过程中不断地鼓励、鞭策大家；孙悟空承担了实干家、智多星和专家的角色，他最聪明、点子最多，而且法力高强，降妖除怪总是冲在第一线；猪八戒充当了协调者、监督评论员和资源调查员的角色，尽管能力有限，却是不可或缺的成员，经常要去协调师徒之间、师兄弟之间的关系，而且要去探探路、找点吃的，还喜欢发表点自己的意见、品头论足一番；沙和尚和白龙马都是典型的实干家，只管埋头干活。总体来说西游记这个团队还是很棒的，历经了九九八十一难，最终取到了真经，实现了团队的终极目标。从团队建设的角度来看，唯一的缺憾就是孙悟空所承担的角色过于集中，他集实干家、智多星和专家于一身，并且能干、会干、肯干，因此他成为西游记团队中的绝对主力，整个团队过于依赖他，如果一旦他出现风吹草动，那么整个团队都会受到影响，所以他也成为团队中的不稳定因素，我们看到在去西天取经的过程中就出现过孙悟空撂挑子不干的情况，而作为团队的领导者唐僧，仅仅靠紧箍咒也很难管理他。在我们日常的企业管理中也经常会有类似的情况出现，例如某个人的能力过强

（身兼多个重要角色），不好管理，平时甚至老板也要让他三分，而这种人常常会最终另立门户。那么当我们遇到这种情况时，该如何处理呢？比较有效的方法就是合理地重组角色分工，或者通过引入竞争、增加长期激励等方法来化解这种不利的局面，从而保障团队的稳定性和整体战斗力。因此我们看到，西游记团队并不是一个完美的团队，不够合理的角色分工令这个团队不是很稳定，因此要打造高绩效的团队，需要合理调配团队中每个成员的角色分工。

第二节　管理团队

一、管理团队的目标

对于团队而言，一个时期的战略目标必须是明确、清晰的。只有这样，才能让团体成员明确努力的方向，才能对他们产生巨大的激励作用，从而保证团队能始终朝着既定的目标前进。如何制定及管理团队的目标呢？

（1）达成共识，目标一致。团队目标的制定不能一厢情愿地单凭领导的意志行事。离开了共识，团队的目标方向就会面临触礁——团队成员的目标方向与团队的目标方向相分裂。

（2）全局出发，抓住重点。定目标要从全局出发，抓住重点和关键。团队的目标必须体现整体利益，以大局为重；与此同时，还要突出重点，否则，眉毛胡子一把抓，顾此失彼，只能导致团队低效。

（3）立足当前，着眼长远。了解清楚团队目前的情况、拥有的资源和所面对的困难挑战，才能拟定出一个切合实际的、完善的、有效的目标。目标必须是基于当前的情况、面向未来的业务发展，既不能短视，也不能好高骛远、无法达成。

（4）职责明晰，奖惩明确。团队在确定目标初期就要有明确的职权划分和责任归属，并设立明确的奖惩办法，只有团队成员知道自己应该负责什么，承担什么，才能有序地开展工作。

目标管理各大企业都在用，各大企业的用法也大同小异，不管是 KPI（关键绩效指标），还是 OKR（目标与关键成果），都没有本质区别，只是 KPI 用久了，SMART（目标管理原则）太平常了，需要点创新，OKR 就来了。至于如何做好目标管理，当前很难找到纯粹的标杆做法，反而大多数企业正走在一条离目标管理越来越远的路上。如果非要说如何做好，哪就是如何回归到目标管理的初心。

（一）目标管理的发展

目标激励是 20 世纪 60 年代末由爱德温·洛克提出的，他认为，指向一个目标的工作意向是工作激励的主要源泉，明确的目标能有效地提高工作绩效。当人们一旦认同和接受了有难度的目标，就会比容易的目标带来更高的绩效；同时，在目标难度较大时，如果员工亲自参与目标的设置，就更能提高目标本身作为员工工作努力方向的可接受性，而员工对于自己亲自参与做出的目标选择的投入程度往往也会更大，这增加了员工实现目标的内驱力，从而能带来更高的工作绩效。到目前为止，极少有案例能反证明确的和有难度的目标能带来较高的工作绩效。因此，目标能够激发员工的能力，从而带来较高的工作绩效。在同一时期，美国管理学大师彼得·德鲁克在其《管理的实践》中，提出了目标管理的概念，以及基于目标的自我控制的思想，并认为目标管理和自我控制就是管理的哲学（这一观点有待商酌）。德鲁克的目标管理，其核心思想就是用目标去协调企业各职能性的工作，使各个职能和团队的工作能在朝着企业愿景目标的方向实现团队协作并一致努力，同时基于目标以自我控制的管理方式取代强制式管理。德鲁克虽然提出了目标管理的概念（这也是德鲁克对管理的主要贡献），并将目标管理的理念推销到了全球所有的企业，但他并没能找到如何解决让各职能的目标和企业的愿景目标协同，从而实现各职能和团队的工作协作的问题的方法，这就导致各大企业将目标管理的实践引入了绩效管理，从而背离了其目标管理的初衷，这不能不说是德鲁克的一大遗憾。直到 20 世纪 90 年代初，罗伯特·卡普兰和戴维·诺顿提出平衡记分卡的战略管理体系，将企业的愿景和战略目标从财务、客户、业务流程、创新与学习四个层面系统策划和协同展开，有效地实现了企业的财务和业务的平衡、内部和外部的平衡、长期目标和短期目标的平衡、过程和过程的平衡、过程和结果的平衡，从而真正地打通了从战略目标到行动措施的协同和落地通道。但是，平衡计分卡的战略管理思想却曲高和寡，而将德鲁克的目标管理误用了近 30 年的惯性太大，至今，世界 500 强企业使用平衡计分卡的也就 40% 左右，甚至在一些行业内顶尖的全球化企业，整个高管团队对于平衡计分卡也是只闻其声，不识其人。

（二）目标管理的系统化

目标管理的三大核心思想，每一个独立思想都不具有从理论到实践的可系统操作性，如果我们把它们整合在一起，就可以成为一个完整的目标管理理论体系，可以系统地回答并解决"为什么"和"如何做"等问题。目标管理理论体系主要的思想基础总结为以下几个方面：

（1）目标能够激发员工的能力，从而带来较高的工作绩效，并且只有员工亲自参与目标的设置，才有可能增加员工实现目标的内驱力。

（2）目标管理的根本目的是实现职能和团队的协作，即用目标去协调企业各职能性的工作，使各个职能和团队的工作能在朝着企业愿景目标的方向实现团队协作并一致努力，同时基于目标以自我控制的管理方式取代强制式管理；通过平衡记分卡的战略管理体系从财务、客户、业务流程、创新与学习四个层面实现了战略目标的协同与平衡，打通了从战略目标到行动措施的落地通道。在目标管理理论的体系中，洛克发现了目标激励的作用及条件，回答了"为什么要设置目标"和"如何设置目标"的问题；德鲁克阐述了目标管理的目的，回答了"为什么要进行目标管理"的问题；而卡普兰和诺顿的平衡记分卡才真正地实现了从目标到行动的落地，解决了"如何让企业的战略目标协同并落地"的问题。企业在实践目标管理时，必须综合考虑以上三个方面的系统应用，尤其是平衡计分卡的应用，而不能单一地只用其一；否则，就会在实践中出现这样或那样的问题。

（三）企业目标管理实践的现状

到21世纪初，几乎全球所有的企业都在实践目标管理，并发展到员工的绩效管理（KPI管理），这和德鲁克的贡献分不开。但是，最近几年越来越多的企业管理者和管理学者都在质疑和批评目标管理（主要是以KPI为主的目标管理），因为从大多数企业的实践结果看，目标管理并没有激发出企业预期的高绩效；他们认为目标管理限制了管理者能力的发挥，甚至出现所谓的"绩效主义毁了索尼""绩效管理毁了×××"、KPI把管理者变成了高级的"管理工人"、用OKR替代KPI、德鲁克的思想不适合工人的管理，以及长达十多年之久的德鲁克思想和戴明思想的冲突。其实，从平衡计分卡来看，OKR和KPI并没有太大的本质区别，德鲁克和戴明对目标的认知也不矛盾，他们都不赞成用目标去管理员工，更不存在所谓的目标管理不适合工人。以上情形的发生，主要原因还是大多数企业并没有很好地理解和认知到目标管理本质，尤其是没有认知到平衡计分卡是实现目标管理落地的关键，离开平衡计分卡的目标管理，只会让目标管理因过于泛滥而没有目标。

（四）企业目标管理实践存在问题的根源及应对

企业在实践目标管理时出现以上情况和问题，主要根源于以下几个原因：

（1）员工没有参与目标的设置而导致对目标缺乏认同以致不接受。目标属于上级指派，员工没有参与目标的制定，而是被动接受目标，导致员工没有认同和接受目标，从而对目标的关注和投入度不够。解决方法就是让员工参与目标的设置，上级管理者可以引导下级员工的目标设置方向，把目标当成监督和管理员工的工具。目标激励是一个自激励过程，如果把一个自激励过程变成由他人或组织监督、管理员工的工具，自然就削弱了员工的内驱力，限制了员工能力的发挥。解决办法就是让目标回归到自激励的本质，以增加员工的内驱力。

（2）歪曲了目标管理的目的，把目标管理当成员工绩效考核的方式甚至是职业晋升竞争方式。由于不同业务目标横向比较的不客观性和不公平性，以及不同业务目标对当前和未来的绩效影响的不同，员工没有理由去挑战更高的目标，也没有理由去关注那些影响组织长远发展而在短期无效果的目标。解决办法就是回归到目标管理的初衷——为了职能和团队的协同。目标管理更多地适用于对常规业务的协同管理，而对于需要挑战常规的工作，由于大都具有不确定、复杂性和模糊性，因此很难于用目标管理的方法去衡量未知的需要和一个人的成就。而在一个基于目标的绩效管理的组织环境中，员工或管理者没有理由去做一个吃力不讨好的开拓者。传统的目标管理不太适合以过程和平台为基础的管理的发展。目标管理的根本目的是促进职能的协同，但从20世纪末开始，企业职能管理的思想开始退化，基于过程管理的思想首先统领了质量管理和安全管理（比如ISO管理体系的升级，VDA的改版等），并再次推动了全面的流程管理，让以协调职能为目的的目标管理没有了目标，尤其是在当前流程化、平台化管理的变革中，以绩效管理为目的的目标管理更是失去了基础。解决办法就是引入平衡计分卡的战略管理体系，实现过程和过程的平衡、过程和结果的平衡。

（3）平衡计分卡没有得到应用，缺乏将目标系统协同落地的方法，导致职能各自为政的目标相互冲突，尤其是将目标作为员工绩效管理的手段时，没有横向平衡的目标缺乏客观性和公平性，会导致组织环境和文化的恶化。出现上述问题时，还有一些重要的环境因素也起到了不好的影响。首先是各大管理咨询公司在推销目标管理时，为绕开版权而追求方案的差异性、可复制性和易实施性，割裂了目标管理的系统性，偏离了目标管理的本质；有的咨询公司甚至为了接单而迎合管理者的需要，失去了应有的职业精神。其次是人力资源管理专业的寄生性以及企业人力资源管理的控制思维，将目标管理导向了绩效管理。还有就是在企业全球化的进程中，为满足企业扩张后管理的一致性以及降低管理者能力要求的需要，将目标管理简单化。

总之，员工自设目标能够激发员工的能力从而带来较高的工作绩效，目标管理的目的是促进团队的协作，而平衡计分卡是打通从目标到行动的通道。企业在实践目标管理的过程中出现诸多的问题，不是目标管理本身的错，而是企业用错了目标管理，其中，平衡记分卡没有很好地得以应用是关键。

二、员工管理

人员管理的精要是将合适的人员配备到合适的职位上，并让其从事合适的工作，从而实现"人适其位，位得其人"。人员管理，是指依据公共组织编制法规，按照公共管理职能调整和机构设置的需要，通过法定程序，确定公共管理人员数额、结构比例、领导职数。

初期，首先把团队整合起来，做好整个组织架构，具体由谁担任什么职位干什么工作。分工明确后，就把薪酬、晋升机制确定下来并公布。晋升机制是让员工知道，达到什么条件会升级，比如业务员→业务经理→业务总监→市场主管。做好后会给员工一个前进目标，毕竟你要让员工有"钱景"和"前景"，这样员工才会心无旁骛用心工作。

在公司内部的架构和薪酬、晋升机制完善后，接下来要打造一个销售流程。结合电话营销、网络竞价、关键词优化、微信营销、社群营销、沙龙营销等手段，找出最适合自己公司的销售手段，然后执行下去。

要注意的一点是这个销售流程一定是可复制的，这样方便培训新员工，有了新员工，给他一份岗位说明即可。假如你是老板，把整个框架做好后，就开始激励员工，自己带头冲锋，另外把奖惩机制（包括每天奖励、每周奖励、每月奖励以及长期奖励等）、对赌机制、红黑旗机制、分红机制都循序渐进导入进来。最后是要签约，讲好分配和出局条件，只有分得开心，才能合得愉快。

这样一来企业就正常运转了。要说明的一点是，客户成交后的服务是最重要的，因为现在服务占比越来越大，所以服务好客户，让客户重复购买是重中之重！

三、业务管理

业务管理是指对企业经营过程中的生产、营业、投资、服务、劳动力和财务等各项业务按照经营目的执行有效的规范、控制、调整等管理活动。

业务管理是企业系统运行的中心环节，上游至采购供应，中游至生产储备，下游至产品服务等，都在业务管理的流程中实现，企业的业绩也由此直接产生。因此，业务管理是决策实施与企业执行力推动的关键。

业务管理是日常人员管理的集中体现，在日常管理中应以考核办法为准则，加强与员工的沟通，加强团队凝聚力也是一名部门经理在业务管理方面的有效办法。

（1）团队要有领头羊。一个业务突出的管理者既是学习的榜样，也是奋斗的目标。领头羊激励着后进者学习，让员工知道如果自己做得好会更进一步。

（2）团队目标要明确。让员工知道如何去做，如何做效率高。虽在大海中漂泊但能看见陆地的影子。这应该是领导者的主要工作，包括分配任务、细化方案等。

（3）团队要分清主次。"三个女人一台戏"就是任务不清，没有主次。在合作中任务目标要清晰有主次，尽量减少误会，消除顾虑。

（4）互怼是一种沟通方式，这说明他们极其需要沟通合作。如果平常有清晰的合作任务，应该不会是这样。三个业务员应该是单线业务，集中考核。所以考核也是需要注意的地方，要做到公平公正、奖惩分明。

（5）做好人文性关怀。当然这是领导者的任务，刚柔并济，最重要的是和谐。

四、企业管理

企业管理是对企业生产经营活动进行计划、组织、指挥、协调和控制等一系列活动的总称，是社会化大生产的客观要求。企业管理是尽可能利用企业的人力、物力、财力、信息等资源，实现省、快、多、好的目标，以取得最大的投入产出效率。

（一）企业管理的分类

（1）按照管理对象划分，有人力资源、项目、资金、技术、市场、信息、设备与工艺、作业与流程、文化制度与机制、经营环境等。

（2）按照成长过程和流程划分，有项目调研—项目设计—项目建设—项目投产—项目运营—项目更新—项目二次运营—项目三次更新等周而复始的多个循环。

（3）按照职能或者业务功能划分，有计划管理、生产管理、采购管理、销售管理、质量管理、仓库管理、财务管理、项目管理、人力资源管理、统计管理、信息管理等。

（4）按照层次上下划分，有经营层面、业务层面、决策层面、执行层面、职工层面等。

（5）按照资源要素划分，有人力资源、物料资源、技术资源、资金、市场与客户、政策与政府资源等。

（二）现代科技下企业管理的体现

（1）搭起战略和执行之间的桥梁：以超强的执行力保证战略目标得以快速实现。

（2）实现管理从艺术到科学的进化：以科学的管理体系而非个人能力来驾驭大型

组织。

（3）让管理变得简单而有效：以简单制胜和中层制胜的思想来解决管理上的根本问题。

通过对国内外众多业绩优秀企业的调研分析得出，竞争力强的企业在内部组织设置和管理杠杆运用方面都具有卓越的特色，他们的执行力比竞争对手更快、更好。现代科技将先进的管理理念和办公方式，通过软件技术和网络技术进行了工具化，以事务和项目为中心，帮助组织建立通畅的信息交流体系、有效的协作执行体系、精准的决策支撑体系，来提高组织内部的管理和办公能力，建立协调统一、反应敏捷的高水平执行团队。

案例展示

一、产业和市场

（1）市场需求：在阿里巴巴出现之前，中国并没有一个成熟的 B2B 网络，甚至在美国 B2B 都还没有流行起来，而通过 B2B 可以使企业之间的贸易更加方便快捷，所以虽然这在当时还是一个新兴市场，但是需求量非常的大。

（2）消费者：阿里巴巴刚开始创办时目标就很明确，马云不做那 15% 大企业的生意，只做 85% 中小企业的生意。他清楚地意识到，大企业有专门的信息渠道和巨额广告费，小企业却什么都没有，而正是这些小企业的需要，使得阿里巴巴一开始就有着巨大的需求量，消费者（小企业）需要这么一个平台来发布自己的产品。

（3）对用户的回报：阿里巴巴给小企业提供的是一个平台，而小企业需要的正是这么一个把自己推销出去的平台，有了阿里巴巴，需要大宗商品的消费者只要搜索一下，就会很容易找到需要的商品。东西更好卖了，赚的钱也更多了，阿里巴巴对企业的回报就立竿见影地表现了出来。

（4）增加或创造的价值：阿里巴巴虽然是一个平台，但可以把它当成商业活动的润滑剂，由于有了阿里巴巴，企业之间的交流变得更加容易，企业之间的联系变得更加紧密，这带来的价值几乎是不可估量的。

（5）产业生命：只要有舞蹈演员就需要舞台，只要有商人就需要推销商品的摊位，而阿里巴巴恰恰就是互联网上的摊位，除非有了更快捷的企业交流渠道，否则它几乎是不可取代的。

（6）市场结构：虽然在阿里巴巴诞生时中国的互联网已经遍地开花，但是对于亚洲的电子商务来说，其并没有符合自身特点的电子商务模式，尤其是 B2B 电子商务几乎在全球都是一个盲点，虽然有，但都是小企业或者新兴企业，这对于阿里巴巴的崛起也起着关键作用。

（7）市场规模：应该说马云是开创了一个新兴的市场，在马云之前，没有人认识到 B2B 电子商务那么赚钱，最后当阿里巴巴成功时才恍然大悟，却为时已晚。

（8）市场增长率：虽然阿里巴巴创办于 1999 年，2001 年互联网泡沫就破灭了，但是阿里巴巴不单纯是一个网站，它不以网站营利，应该说它属于服务业，而众所周知 1999 年至今中国服务业的市场增长率都在以惊人的速度增长。

（9）市场份额：刚才已经说过了，在马云之前借助互联网平台进行电子商务的 B2B 网站几乎为零，所以阿里巴巴是一个领先者。背靠一个中国大市场，优势极为明显。

（10）成本结构：阿里巴巴是一个网站，而一个网站不需要很高的成本，所以是典型的低成本提供。

二、资本和获利能力

（1）毛利：虽然没有详细的数据，但是从马云提出的三句话，2003 年马云提出"每天营收一百万"的目标，2004 年马云又提出"每天盈利一百万"，2005 年进一步提出"每天纳税一百万"，可以看出阿里巴巴的毛利是惊人的。

（2）随后利润：2005 年提出"每天纳税一百万"，利润如何也不用多说了。

（3）所需要的时间：1999 年马云创办阿里巴巴，其后 2001 年就遇到了互联网寒潮，2002 年，阿里巴巴定下一个看似简单的目标——赚一块钱，也就是说，四年后，阿里巴巴开始营利了，虽然花的时间长，但这和互联网寒潮的影响分不开，关键是很多互联网公司倒了，但阿里巴巴活下来了。

（4）投资回报潜力：没有人会说阿里巴巴不赚钱，2007 年阿里巴巴市值已经超过 680 亿港币，投资回报潜力巨大。

（5）价值：在阿里巴巴成立之前，亚洲并没有属于自己的电子商务模式，所以投资阿里巴巴具有高战略价值。

（6）资本需求：刚开始阿里巴巴的起始资金是 50 万元，其后他接受了高盛等投资商的 500 万美元投资和孙正义的 2 000 万美元，资金充裕。

（7）退出机制：一个网站不值钱，值钱的是创意和内容，可以说阿里巴巴的钱主要花在可变资本上，所以退出机制良好。

三、竞争优势、管理班子、致命缺陷

（1）固定成本和可变成本：一个网站的固定成本是很低的，虽然现在阿里巴巴的规模大了，在住房上有一定的需求，但是与其几百亿的资产来讲可以忽略不计，现在阿里巴巴有 7 000 名员工，主要的花费在人员上。

（2）控制程度：阿里巴巴的营利模式主要是从企业的商品活动中抽取一定比例的费用。在阿里巴巴还是小企业的时候，在阿里巴巴还有 eBay 做竞争对手的时候，它的控制能力确实不强，但是今天，阿里巴巴已经成了必不可少的交易模式，控制能力变得非常强。

（3）进入市场的障碍：刚开始的时候 B2B 的进入障碍几乎可以忽略不计，而正因为他有这种缺陷，使得很多大企业忽略它的优势，使得阿里巴巴有了可乘之机，在阿里巴巴已经成为一方诸侯的今天，想竞争过它也就变得千难万难了。

（4）有一定的领先期：这是它最大的优势，还有关键的一点是马云不是刚刚建立互联网的新手，靠着他曾经给外贸部工作的契机，他有了一个团结的团队，而且通过外经贸部这个平台，马云积攒了广泛的外贸关系，他有了名气，有了资源，更重要的是，有了明确的方向。

（5）管理队伍：马云曾经这样考验他们的团队，他约齐团队的所有人，说出了自己的决定，他对大家说："我给你们三个选择：第一，你们去雅虎，有我推荐，雅虎一定会录用你们的，而且工资会很高；第二，去其他网站，有我推荐，工资也会很高；第三，跟我回杭州，只能分 800 元钱，你们住的地方离我只有 5 分钟车程，你们自己租房子，不能打出租车，而且必须在我家里上班。你们自己做决定。"马云给他们 3 天时间考虑，眼见从杭州跟自己闯到北京来的亲密伙伴陆续走出房门，马云心里有些失落，却依然十分坚信自己的选择。仅在 3 分钟后，所有人全部折回，说："马云，我们一起回家吧。"那一刻，坚强的马云流泪了。也就是那一刻，他对自己说："朋友没有对不起我，我也永远不能做对不起他们的事情！我们回去，从零开始，建一个我们这一辈子都不会后悔的公司。"所以马云的团队很团结，而团结绝对正是解决所有问题的关键。

马云的成功有其偶然，有机遇的作用，但是更重要的是他自己的努力。没有经过一系列的失败，没有之前两个网站失败的尝试，就没有今天的阿里巴巴。马云成功的关键原因有两个：第一，他有一个团结的，可以完全互信的团队，正是因为这种无保留的互信，使得他们走向成功；第二，马云自己独特的思维方式，也是他成功的一个重要原因。"不走寻常路"，这句广告词来形容他可以说是恰到好处，敢于特立独行，敢想敢干，没有这两点，想成功是不可能的。

1. 了解商业模式的组成和基本概念；
2. 掌握商业模式的作用和影响；
3. 根据自身情况和业务需求，选择合适的商业模式。

第一节　商业模式的定义和作用

一、什么是商业模式

商业模式（Business Model）在 1957 年作为正式概念最早出现在学术论文里，但这个概念真正走入公众和学界的视线却是 20 世纪 90 年代。通俗地讲，商业模式是指人们在从事商业经营活动时所采用的方式方法的总称，也可以说成是公司用来赚钱的途径或方式。

从商品交换开始，商业模式就自然而然存在了，只是此时的商品模式因简单单一未引起足够的重视。到了 20 世纪上半叶，以汽车制造为代表的加工行业出现的产业链、价值链模式创新，和以大卖场及连锁店为代表的商业零售业经营业态创新都已经形成了相当复杂的商业模式。尽管这些变化已经引起了理论界的高度关注和研究，但是在 20 世纪 90 年代之前人们始终也没有清晰地认识到隐藏在复杂经营技巧背后的那种商业模式的本质与力量。进入 21 世纪，互联网的发展极大地改变了人们的生活方式，它所带动的互联网经济也以其迅速增长的态势得到了广泛关注，在推动了第一轮网络革命之后，商业模式才真正成为企业家、投资家和学者们最为关心的概念，甚至被看作是关系到一个企业兴衰成败的首要因素。因此，商业模式理论迅速成为近十几年来企业管理科学领域的研究热点。

究竟什么是商业模式呢？用更为严谨的语言来描述，所谓商业模式，即以价值创造为核心，描述企业如何创造价值、传递价值和获取价值的基本原理。具体而言，为了实现客户价值最大化，把能使企业运行的内外各要素整合起来，形成一个完整的、高效率的，具有独特核心竞争力的运行系统，并通过提供产品和服务，达成持续营利目标的整体解决方案。其中，"客户价值最大化"是指包括消费者、股东、合作伙伴、员工以及利益相关者在内的所有客户，用同样的成本可以获得更好的服务或获得同样的服务只需支付更低的代价，它是企业制定战略的出发点，是企业一切经济活动的指南和动力源泉。其中，"整合""高效率""运行系统"是基础或先决条件，"核心竞争力"是手段，"客户价值最大化"是主观目的，"持续营利"是客观结果。

虽然在经济飞速发展的今天，有关商业模式的讨论越来越多，但没有一个严格的定义，人们对它的理解因视角差异存在着一定偏差。即便如此，商业模式的重要性仍不可小觑。著名经济学家郎咸平说："商业模式是关系到企业生死存亡、兴衰成败的大事。企业要想获得成功，就必须从制定成功的商业模式开始，成熟的企业是这样，新的企业是这样，发展期的企业更是如此，商业模式是企业竞争制胜的关键，是商业的本质！"美国管理学大师彼得·德鲁克也说过："当今企业间的竞争，不是产品之间的竞争，而是商业模式之间的竞争。"

二、商业模式的组成

那么商业模式的构成究竟如何呢？总的来看，商业模式运行的逻辑表现为价值发现、价值匹配、价值获取三个方面，其中，价值发现是逻辑起点，价值匹配是逻辑中介，价值获取是逻辑的终点。

价值发现是价值创造的来源，是对机会识别的延伸。通过可行性分析，创业者所认定的创新性产品和技术，只是创业的手段，最终营利与否取决于是否拥有客户。创业者在对创新产品和技术识别的基础上，需进一步明确和细化客户价值所在，确定价值主张，这是商业模式设计的关键环节。许多创业者失败的原因就在于违背了创新"纪律"。殊不知，创新是要为客户创造出"新"的价值：把未满足的需求或潜在的需求，转化为机会并创造出新的客户满意。不能真正为客户带来价值的创业活动，注定会失败的。

价值匹配就是要明确合作伙伴，实现价值创造。新创企业不可能拥有满足客户需要的所有资源和能力，即使新创企业愿意另起炉灶亲自构建整合资源的能力，也会面临着较大的成本壁垒和不确定性风险。因此，为了获得先发优势并最大限度地掌控商机开发风险，几乎所有的新创企业都要与其他企业形成合作关系，以使其商业模式能够有效运转。也就是说，客户价值主张和企业价值主张，如果没有相应的资源（客户资源、产品渠道）与企业内生能力作为支撑，是很难形成商业模式的，尤其难以实现持续营利的结果。

价值获取就是制定竞争策略，整合资源，赋予资源一种新的能力，使它能够创造出更大的创新价值。这是价值创造的目标，是新创企业能够生存下来并获得竞争优势的关键，也是商业模式有效运行的逻辑所在。

当前学术界提出了一些用于拆解、分析商业模式的模型，由于各个模型所侧重的角度有所不同，因此商业要素及要素之间的相互关系也存在较大差异。本书主要介绍四构面模型与九要素模型。

（一）四构面模型

在分析商业模式的过程中主要关注各类型企业在市场中与供应商、用户、其他合作伙伴的关系，特别凸显的是各个企业之间的信息流、物流和资金流之间的密切关系。

从该层面来看，商业模式是由四个构成要素所组成的。第一是服务、产品这颗"球"；第二是代表目标市场的"标"；第三是把"球"打出去命中标为止的过程，即从投入市场到破产下市为止的整个生命周期间的"业务过程"；第四就是将前三个要素构成的"场地"加以整合，其中就包括虚拟场地和实体场地。为了建立高效、高质量的商业模式，可采取以下步骤：

（1）第一，需要让"球"产生差异化，让它变得更为显著，成为出类拔萃般的存在，这就能够成为吸引力十足的产品与服务。

（2）第二，"标"必须多方面掌握客户特性并做好分级后，再选定适合自身的作战场所，逐步缩小自身策略范围，而且必须要以全球竞争的观点来看待各地区的相异特性和全球共有的特性，取其精华去其糟粕。

（3）第三，"业务过程"必须在彻底追求附加价值的形式下形成价值链，当然，流程应做到尽可能简洁，这也是过去一直被公众认可和提倡的。除此之外还必须从另外两个角度使业务流程得到加强，一是加强对市场变化的反应及应对能力，二是从环保的观点把资源的回收利用等逆向流程包括在内。

（4）第四，构成要素的"场地"无法由自身所决定，因此它与其他三个构成要素有所不同，没有供自身发展的自由度。确保场地的特性与以上三要素能够整合是非常重要的，要想在全球竞争中有一席之地，根据各个国家劳动市场的流动性来确定实体场地的特性和设计其他三个构成要素，尤其重要。

（二）九要素模型

奥斯特瓦尔德（Osterwalder）于2004年提出了经典的九要素模型，他将企业的日常管理、运营、获利等方方面面的内容进行拆解，并划分为目标客户、价值主张、渠道通路、客户关系、收入来源、关键资源、关键业务、关键伙伴、成本结构九个模块。此后他又基于九要素模型的理论基础而创造出了商业模式画布（图9-1）这一实用的分析工具，该工具既可用于描述企业商业模式的框架，又具备良好的视觉可视化特性，它将商业模式中的各种元素标准化，有助于分析者厘清各元素之间的关联关系和彼此之间的相互作用，从而帮助决策者明确其商业模式的价值传递，准确定位企业的运作核心。其九要素可具体解释为：

（1）目标客户。目标客户是企业服务与客户群体的分类，每个企业和每个机构都会特定地服务某部分或某几部分的客户，客户细分指的是企业的目标用户。

（2）价值主张。价值主张是企业为客户创造价值的产品或服务，即企业能够为客户带来什么样的好处。

（3）渠道通路。渠道通路是企业服务流程中的客户接触点，企业通过什么样的渠道和客户产生联系，是线上还是线下，或者其他渠道，等等。

（4）客户关系。客户关系是企业和客户建立的关系以及如何维系关系，当客户开始接触企业的产品之后，双方要建立一个关系，这不可能是一次性的买卖，企业总会希望能够和客户达到那种长期和合作的买卖，这个就是客户关系所指的部分。

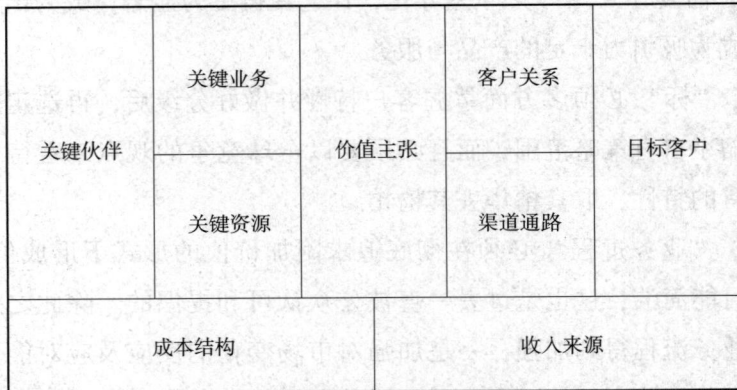

关键伙伴	关键业务	价值主张	客户关系	目标客户
	关键资源		渠道通路	
成本结构			收入来源	

图9-1　商业模式画布

（5）收入来源。收入来源是企业向客户提供价值所获取的收入，更简单明了的说法，就是用来赚钱的方式方法。

（6）关键资源。关键资源是企业为了让商业模式有效运作所需要的核心资源，为了销售产品企业需要用到哪些资源，或者说企业有哪些资源保证能赚钱，比如资金、技术、人才等。

（7）关键业务。关键业务是企业为了让商业模式有效运作所需要执行的关键业务活动，指的是需要做什么才能赚钱。

（8）关键伙伴。关键伙伴是企业为了让商业模式有效运作所需要的供应商和合作伙伴，指的是企业可以跟谁一起合作才能赚钱。

（9）成本结构。成本构成是商业模式运作所需要的成本，为了获取到利润收益，需要在哪些项目付出对应的成本。

这些构成要素的组成成为可持续增长的商业模式，但是商业模式也并非一成不变，而是瞬息万变的存在，在不远的将来商业模式必定会有全面的提升和突破。

以下面两家不同产业的企业的商业模式为例，研究九要素模型在不同类型企业间的作用（表9-1）。

表9-1　九要素模型在不同类型企业间的作用

企业	苹果公司	Pictet 私人银行（资产管理）
目标客户	大众市场	有钱人及富裕家庭、独立财务咨询
价值主张	流行、创新的行动装置	为客户量身定做的理财服务、金融商品及交易管理
渠道通路	零售、苹果商店、Apple.com	个人网络、销售人员、交易平台
客户关系	品牌忠诚度、转换成本	私密的个人关系、关键客户管理
收入来源	大量硬件收益、App Store（30%抽成）	管理费与咨询费、产品与平台费、交易费
关键资源	苹果商标、iPhone 硬件、人、内容协议	品牌、信任、产品 IP、交易平台
关键业务	硬件设计、行销	理财建议、产品研究与开发、行销及平台管理
关键伙伴	原厂委外制造、App 提供者	其他产品提供
成本结构	人事、制造成本、行销及业务成本	管理平台、研究与开发、私人银行工作者

三、商业模式的核心原则

在使用商业模式的过程中，可遵循以下几种常见的核心原则：

（一）客户价值最大化原则

一种商业模式能不能保持营利的稳定性，与这种模式创造客户价值的能力存在着密切的联系。如果商业模式无法产生客户价值，即便是能够营利也无法持续下去。反之，如果商业模式能够产生大量的客户价值，即便现在无法营利，后续也必然能够营利。所以我们将客户价值的实现作为企业不懈追求的目标。

（二）持续营利原则

企业能不能保持营利的稳定性，是我们对商业模式进行评估的主要标准。因此，在对商业模式进行设计的过程中，营利方法成了必然要遵循的原则。当然，这里所提到的营利是建立在合法合规的基础之上的。持续营利指的是不仅要能够"营利"，同时还能够具有持续性，而并非偶然性的营利。

（三）资源整合原则

整合指的是对资源进行科学化的配置，进行合理化的选择和取舍，实现整体效果的最合理化。对于战略思维而言，资源整合属于一种新兴的思维方式，指的是利用组织协调，将内部职能和外部的合作伙伴切实地串联在一起，最大限度地发挥其作用。从战术选择角度来讲，资源整合属于一种经营决策，是以市场需求等因素为基础对资源实施重新配置，借此来对企业的核心竞争力进行提升，让资源与客户需求实现最为合理化的匹配，利用对资源的管理、协调来提升企业的竞争优势。

（四）创新原则

时代华纳前首席执行官迈克尔·恩说："在企业运营的过程中，商业模式与技术相比，前者的重要性要远高于后者，原因就是前者是企业得以生存的基础和保障。"成功的商业模式不只是对技术进行革新，同时还会对原有模式进行优化。商业模式的创新会涉及企业经营的各个环节，与制造方式等层面存在密切的联系，也就是说，在企业任何环节的创新都可以视为一种成功的商业模式。

（五）融资有效性原则

融资模式的建立对企业会产生极为深远的影响，特别是对中小企业而言，效果更加凸显。我们知道，企业运营必须要获得必要的资金支持。资金是企业发展中必然会面对而又必须要解决的问题。谁能够获得充裕的资金支持，谁就能够在发展过程中掌握先机。对于成功企业的发展历程进行分析后发现，不管其对外宣称的成功理由是什么，可是从本质上来讲都是融资模式在发挥着重要作用。很多失败的企业都是败在了融资模式环节。融资模式属于商业模式核心原则中最为重要的组成部分，应当对其给予足够的重视。

（六）组织管理高效率原则

高效率，是企业管理人员所追求的最理想状态，也是企业管理的最终目的。从经济学角度来讲，效率对于国家的发展会产生决定性的影响，对于企业的营利能力同样会产生显著影响。从管理学层面来讲，企业如果想获得持续稳定的发展，首要问题就是解决企业的使命、核心价值观等问题，这些问题对于企业的生存发展会产生决定性的影响。其次就是针对运营和管理制定相应的方法与制度。最后还需要配备科学、有效的激励方案，对员工产生正确的引导和激励。唯有对上述三项问题进行有效的解决，企业的管理才能发挥应有的作用。联想、海尔等企业在管理工作中积累的经验，很值得我们学习。

（七）风险控制原则

即便是制定多么优质的商业模式，假如缺乏抵御风险的能力，也将不会产生任何意义。这里的风险分为系统外和系统内两种类别，主要涉及政策、人员的变更等环节。

（八）合理避税原则

合理避税，并非逃税。合理避税指的是在切实遵循相关制度和规定的基础上，通过相应的政策，制定出科学有效的体系。合理避税可以让企业的营利能力获得有效的提升。

■ 第二节 商业模式的分类与展望

一、商业模式发展史

商业模式从古至今都在潜移默化地发展着。商业模式最初源于上古的商品交易活动，在清明上河图中就能明显看出其繁华程度，表现为殷实繁荣的社会背景下无序而自发式的露天集会市场，至今仍存留了很多街坊集市的遗址，如南京夫子庙、上海城隍庙、北京鼓楼等。这些都为后续商业模式的发展奠定了一定的基础。

经过后面一系列的发展，传统的街坊集市也转变为了百货商店，这是一种纯柜台式交易的场所，柜台成了顾客与货品之间的接口。在中国，这种商业模式曾经在每一个城市辉煌，但是这种模式却让顾客无法充分地选择自己喜爱的商品，直至20世纪七八十年代，这种商业模式仍占据各个城市的核心区域，却无法满足人民日益增长的物质需求，最终也随着社会时代的发展与变迁发生了新的蜕变。

全球经济的发展，促进了更加受人们追捧的商业模式逐渐形成，综合性的购物模式逐渐将传统的柜台式销售模式取代，满足了人们多样化的需求，主要商业模式有企业对企业、企业对顾客和顾客对企业。这些都是对商业模式发展十分重要的财富和资源，但是从理论发展系统化来讲，还是需要收集更多的数据和资料进行研究和完善。

总而言之，商业模式实践与社会发展趋势相互合作与共赢，而且变化的速度将会越来越快，企业必须通过一系列的探究得到一种适合自身的商业模式，从而在市场竞争中取得一定的优势。如今，数字技术与网络的蓬勃发展对企业传统的经营方式提出了严峻的挑战，这也为各个领域有新思想、新技术的人才提供了新的机会，互联网的特质驱动了新商业模式的发展。技术创新也为商业模式的创新奠定了基础，从而引起了模式创新和制度创新的一系列连锁反应。互联网时代，商业模式逻辑下的新形式正在逐渐形成。互联网是透明的，无法通过现实中的地理位置来判断区域市场，也无法对供应商进行人为辨识与区分，而且互联网具有极强的不确定性，一般情况下，一个商业模式只能存活一个或几个厂商，几乎没有完全相同的商业模式存在。同时，人与人之间的互动变得越来越密切，知识涵盖面增大，从而让商业模式不断创新与发展，商业模式的更替速度加快。但是，互联网时代商业模式创新的背后存在与以往商业模式共同的逻辑，即以社会群体为中心的平台模式或被称为社会群体逻辑下的平台模式，简称社群平台。因此，互联网时代的商业模式也有着自身独特的关键要素。

商业模式并没有一种固定的概念，都是与全球经济的发展紧密相连，都向着多方面、多层次的方向发展，适应社会发展的节奏而改变。

二、商业模式的类型

我们将基于交易双方类型的层面来对商业模式进行分类。在以电子商务为基础的时代中，我们通常将商业模式划分为企业对企业（B2B）、企业对消费者（B2C）、消费者对消费者（C2C）、线上到线下（Online To Offline，O2O）四种模式。

（一）企业对企业

B2B 是指企业与企业之间通过专用网络或 Internet，进行数据信息的交换、传递，开展交易活动的商业模式。它将企业内部网和企业的产品及服务，通过 B2B 网站或移动客户端与客户紧密结合起来，通过网络的快速反应，为客户提供更好的服务，从而促进企业的业务发展。比如供应商跟商家之间的电子商务平台，这种方式比较典型的例子就是阿里巴巴。其常规流程可分为以下八步：

第一步，商业客户向销售商订货，首先要发出"用户订单"，该订单应包括产品名称、数量等一系列有关产品问题。

第二步，销售商收到"用户订单"后，根据"用户订单"的要求向供货商查询产品情况，发出"订单查询"。

第三步，供货商在收到并审核完"订单查询"后，给销售商返回"订单查询"的回答，基本上是有无货物等情况。

第四步，销售商在确认供货商能够满足商业客户"用户订单"要求的情况下，向运输商发出有关货物运输情况的"运输查询"。

第五步，运输商在收到"运输查询"后，给销售商返回运输查询的回答，如有无能力完成运输，以及有关运输的日期、线路、方式等要求。

第六步，在确认运输无问题后，销售商即刻给商业客户的"用户订单"一个满意的回答，同时要给供货商发出"发货通知"，并通知运输商运输。

第七步，运输商接到"运输通知"后开始发货。接着商业客户向支付网关发出"付款通知"。支付网关和银行结算票据等。

第八步，支付网关向销售商发出交易成功的"转账通知"。

（二）企业对消费者

B2C 是指电子商务的一种模式，它表示商业机构对消费者的电子商务。这种形式的电子商务一般以网络零售为主，主要借助网络来开展在线活动。B2C 电子商务网站由三个基本部分组成：

（1）为消费者提供在线购物场所的商场网站。

（2）负责为消费者所购商品进行配送的配送系统。

（3）负责消费者身份的确认及货款结算的银行及认证系统。我们所熟悉的天猫、京东、凡客这三家巨头代表着三种 B2C 电商模式。

天猫是为人服务做平台，天猫商城的模式是做网络销售平台，卖家可以通过这个平台卖各种商品，这种模式类似于现实生活中的购物商场，主要是提供商家卖东西的平台。天猫商城不直接参与卖任何商品，但是商家在做生意的时候要遵守天猫商城的规定，不能违规，否则要接受相应惩罚。这就是天猫商城，与我们现实生活中的购物商场类似。

京东是自主经营卖产品，京东商城的模式就类似于现实生活中沃尔玛、乐购、家乐福等大型超市，引进各种货源进行自主经营。京东先通过向各厂商进货，然后在自己的商城上销售，消费者可以在这里一站式采购。京东自主经营这么庞大的网络商城，盈亏都看京东自己的经营能力。消费者购买时出现问题，直接找京东解决。

凡客是自产自销做品牌。凡客诚品的模式类似于现实生活中的美特斯邦威、特步等服装专卖店，主要是自产自销的经营模式。凡客靠卖服装类产品起家，又陆续推出家居、化妆品等产品。凡客销售的这些产品基本上是凡客自己生产，然后自己销售，从生产到销售的整个过程都是由凡客自己说了算。这种模式的优势在于，产品的整个产业链都可控，公司的目标利润可以从产品生产时制定，没有供货商的货源限制；缺点在于公司品类扩张困难。

（三）消费者对消费者

C2C 的意思是个人与个人的电子商务。网上有不少 C2C 网站，其购物方式都大同小异。闲鱼就是消费者跟消费者进行交易的一个典型网站，第一步是搜索，第二步为联系卖家，在看到感兴趣的宝贝时，先和卖家取得联络，多了解宝贝的细节，询问是否有货等，第三步是与卖家达成共识后进行购买。第四步为在确认收货之后做出评价（图 9-2）。

图 9-2　C2C 模式

（四）线上到线下（Online To Offline，O2O）

O2O 指将线下的商务机会与互联网结合，让互联网成为线下交易的前台，其核心是把线上的消费者带到现实的商店中去，也就是让消费者在线支付购买线下的商品和服务后，到线下去享受服务。O2O 的优势在于把网上和网下的优势结合。通过网购导购机，把互联网与地面店对接，实现互联网落地。这样可以让消费者在享受线上优惠价格的同时，又享受到线下贴身的服务。同时，O2O 模式还可实现不同商家的联盟。

在 O2O 模式中，消费者的消费流程可以分解为五个阶段：

第一阶段：引流。

线上平台作为线下消费决策的入口，可以汇聚大量有消费需求的消费者，或者引发消费者的线下消费需求。常见的 O2O 平台引流入口包括：消费点评类网站，如大众点评；电子地图，如百度地图、高德地图；社交类网站或应用，如微信、人人网。

第二阶段：转化。

线上平台向消费者提供商铺的详细信息、优惠（如团购、优惠券）、便利服务，方便消费者搜索、对比商铺，并最终帮助消费者选择线下商户、完成消费决策。

第三阶段：消费。

消费者利用线上获得的信息到线下商户接受服务、完成消费。

第四阶段：反馈。

消费者将自己的消费体验反馈到线上平台，有助于其他消费者做出消费决策。线上平台通过梳理和分析消费者的反馈，形成更加完整的本地商铺信息库，可以吸引更多的消费者使用在线平台。

第五阶段：存留。

线上平台为消费者和本地商户建立沟通渠道，可以帮助本地商户维护消费者关系，使消费者重复消费，成为商家的回头客。

三、商业模式创新

作为企业创新的重要类型之一，商业模式创新不但有助于企业从瞬息万变的市场环境中获取超额利润，而且是其获取持续竞争优势的重要驱动力。在新形势下，商业模式创新在学术界的关注度呈上升趋势。学界基本认同商业模式是企业创造、传递及获取价值的基础架构，阐释了企业创造及获取价值的逻辑；商业模式创新则是企业基于新商业模式，试图以新价值主张为利益相关者创造、传递及获取价值的组织变革过程，是企业探索创造与获取价值的新方法、新逻辑。

那么如何来实现商业模式的创新呢？创新往往意味着组织流程等要素的重整，企业的商业模式创新往往会通过持续的资源重组、流程优化与模式调整等操作建立起新经营逻辑。接下来从组成要素和创新程度两个视角展开有关商业模式创新具体操作与实现机制的具体研究。

（一）组成要素视角

商业模式组成要素是商业模式创新的主要抓手，组成要素数量从三到九个不尽相同，但基本认同产品、目标客户群体、合作伙伴关系及成本与收入模式是其关键构成要素。各种要素在商业模式中发挥的作用各不相同，任何组成要素的任何变化都可以成为商业模式创新的一种形式，组成要素间交互关系的变革也可能催生出系统性更强、价值更高的商业模式创新。一般而言，单一组成要素的变化将带来较为简单的商业模式创新，多要素同时变化的情境中往往还会伴随着要素间关系的变革，触发更为复杂的商业模式创新。

（二）创新程度视角

商业模式创新是企业重要的创新实践，因此众多学者基于创新程度对其展开分析。总体来看，现有研究从创新程度出发，将商业模式创新分为渐进式与颠覆式，具体过程中二者在创新目标、资源能力及不确定性等方面都存在着明显差异。一般而言，前者在保持经营逻辑、行业规则基本不变的情况下，对商业模式进行局部微调与改进；后者则需变革企业经营逻辑，甚至涉及行业规则的重大调整。

■ 第三节　一起动手设计你的商业模型

一、明确方法

设计一个完善的商业模式，主要包括五个方面的要素：定位、营利点、关键资源和能力、业务系统、自由现金流结构。如果把这五个要素用一个金字塔来表现的话，金字塔的底部就是定位；第二层是营利点；第三层是关键资源和能力；第四层是业务系统；第五层则是自由现金流结构。下面，我们依照商业模式的定义，来探讨如何设计一个成功的商业模式。

第一步：确定客户价值主张——战略定位。

"定位"是确定企业的"客户价值主张"。也就是说，要选择那些"最有潜力提供长期利润增长的目标客户"，即选择"最高利润区"；然后，为了解决这些目标客户的某个重要问题或重要需求，为他们提供不同的"价值主张"，即解决问题或满足需求的一种产品或服务，它的内涵不仅包含销售的内容，同时包括销售的方式。凡是成功的企业都能够找到某种为客户创造价值的方法，即帮助客户解决某个需要解决的根本问题。客户需要解决的问题重要性越高，同时客户对行业原有的解决方案满意度越低，企业的解决方案比其他对手的更好，那么企业的客户价值主张就越卓越。

第二步：创造更多利润来源——营利模式。

"定位"解决之后，企业就要制定营利模式，从哪里去营利，并以什么样的模式去营利，而且制定的营利点要更多。

第三步：建立利润壁垒——关键资源和能力。

一个商业模式设计，如果没有战略控制手段的支持，就好像一艘航船的底下有一个漏洞，它会使船很快沉没。为了保证利润增长，企业在进行商业模式设计的时候，必须同时寻求和建立自己的战略控制手段。这是一个大问题。建立战略控制手段的目的是，保护企业设计带来的利润流，使其免受竞争对手和用户势力的侵蚀。

（一）商业模式成功的五把"Key"

（1）进入高利润区。所谓高利润区，就是市场迫切需求点，就是还无人（或少有人）问津的市场空白。

（2）没有"致命短板"。什么是致命短板？就是那七个模式要素个个都要及格，如果哪一个低于市场和行业平均水平，就成了致命短板。

（3）占领产业制高点。产业制高点就是企业的产品在产业功能区是不是最好的，最有口碑的。

（4）构筑竞争壁垒。竞争壁垒是商业模式要素中不可轻视的要素，有很多企业短暂辉煌之后即陷入困境的根本原因就是无竞争壁垒。

（5）超越客户价值。客户价值不仅包括经济价值和物质价值，还有道德价值、人与人的关系价值、环保价值、健康价值和社会价值。

总之，商业模式的优势不在单个的知识和能力，而在于建立一个营利体系，这个体系才是企业的核心竞争力。

（二）商业模式的七个要素

（1）客户要素——关键是客户定位和洞察客户需求。

（2）产品要素——产品要独具特色。产品中的质量、功用、价格、品牌、价值要有前瞻性，能满足客户希望满足的要求。一般原则是：人无有我、人有我优、人优我转。

（3）运营要素——关键是你的产品和服务是怎样打造出来的，即内在价值。运营要素包括资金、技术、原料、工艺、信息系统、资本运作，供应链和品牌价值的打造。

（4）渠道要素——就是企业怎样将产品和服务与客户联结，怎么分销和传播。

（5）经营者要素——关键是商业模式的设计、抉择和企业经营活动的决策。其载体就是企业领导人及其决策班子。

（6）管理要素——关键在商业模式的执行，它包括企业文化、组织结构、管理机制等规章制度，以及工艺流程，各种标准的制订和执行。

（7）竞争壁垒要素——就是商业模式的保护要素，防止客户和企业价值流失。它是企业一系列无形的屏障，由市场领导地位、专利、版权品牌、技术领先、创新、客户关系、产品领先、成本领先、速度领先的无形资产组成。它深深地渗入商业模式各环节中起保护作用。

二、评估可行性

一种好的商业模式能够有效保证企业融资的成功率。商业模式是否可行就是看企业通过某种途径和方式是否能赚到钱。在融资时，投资人希望能够更好、更早地了解企业的商业模式，他们尽力回避创业者推销式的演说以及企业希望确认多少用户的问题。以滴滴打车的商业模式为例，它的可行性主要体现在它的营利模式上。滴滴从成立至今，烧钱无数，但为什么依然能获得这么多的融资呢？关键就是投资人看到了其商业模式的可行性。一个可行的商业模式行不行得通我们可以通过图9-3来进行思路分析。

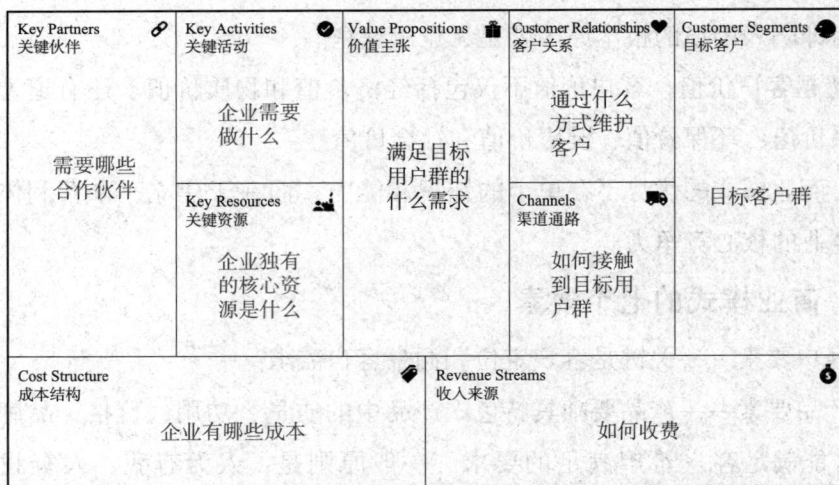

图9-3　商业模式分析

（一）商业模式满足可行的三个条件

1. 能够提供独特价值

商业模式的独特价值在一定情况下可以是新思维，但更多的时候是产品和服务独特性的组合。这种组合一是可以向用户提供额外的价值，二是使用户能够用更低的价值获得同样的利益，或者用同样的价格获得更多的利益。

2. 商业模式是难以模仿的

创业企业通过确立自己的独特性，如对用户的悉心照顾、高壁垒的实施能力来提高行业的进入门槛，从而保证企业的利润来源畅通。

3. 商业模式是实事求是的

量入为出、收支平衡是创业企业成功运作的前提条件。虽然看似简单，但实际上做到的企业却屈指可数。大多数创业者对于自己的盈利渠道、产品对用户的吸引点，乃至用户实际上能否为企业带来利润等关键问题，都没有深入了解。

（二）商业模式可行性的三个组成部分

1. 清晰的价值主张

一种良好的商业模式，在为企业带来源源不断的利润之前，必定因为其内在的价值主张而打动相关利益者。通过将价值主张传递给投资人，企业能让自己的商业模式从众多竞争者中脱颖而出。因此，好的创业企业通过商业模式能将价值充分提供给客户，而这个过程又离不开商业模式中的客户服务。

2. 客户的高回头率

商业模式的设计和革新，不只是发现并满足客户现有的需求，还要发现客户没有被挖掘的需求，并集合资源予以满足。换句话说，创业企业要能发现客户"内心"而并非"表面"的需求，然后将这种需求体现在商业模式中，客户才会发自内心地认可企业商业模式的价值。

3. 细分产品和服务价值

商业模式能获取更多利润的关键在于企业能对所提供的产品和服务进行精确、细化的定义。实际上这个过程也是对不同客户价值的细分。因为不同的客户会表现出不同的关键消费因素，而其中任何一个消费因素只要得到足够重视，就能独立出来被开发成更小类的产品和服务。

案例展示

基于 5G 时代——对抖音短视频商业模式的探究

抖音属于北京字节跳动科技有限公司，开发商是北京微播视界科技有限公司。它于 2016 年 9 月上线，仅用了三年半的时间，就一跃成为一个拥有 4 亿月活跃度的超级短视频平台，独占行业鳌头，其背后的商业密码发人深思。企业作为推动经济发展的主体，需要在一个国家大的宏观环境中活动，抖音正是抓住了国家持续推动网络提速降费的红利，因而在三年半的时间里迅速崛起。除了外部的宏观环境，企业内部的微观环境和其独特的商业模式也是影响企业经营的重要因素。我们可以结合产品的功能和业务结构来解读抖音现阶段的商业模式。现阶段，抖音的商业模式如图9-4所示。

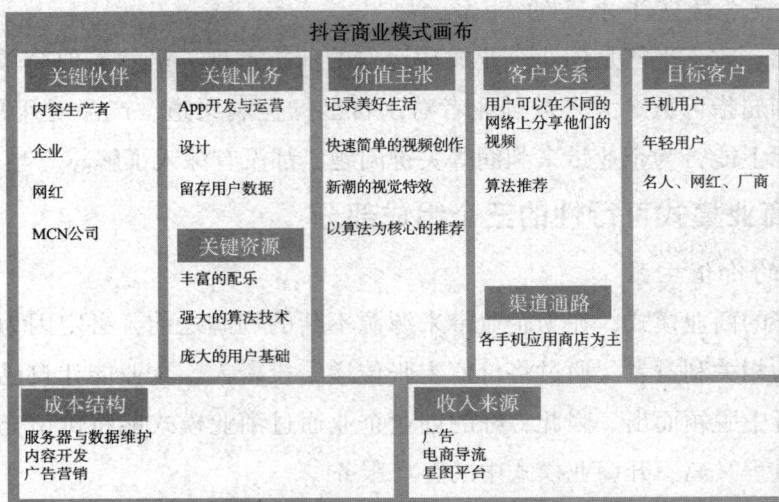

图 9-4　抖音的商业模式画布

第十章
创业融资

学习目标

1. 了解创业的概念和作用；
2. 了解创业融资的原则和渠道；
3. 了解和掌握商业演讲的基本技巧。

■ 第一节　创业融资的概念和作用

一、什么是创业融资

创业融资（Startup Financing）是指创业企业根据自身发展的要求，结合生产经营、资金需求等现状，通过科学的分析和决策，借助企业内部或外部的资金来源渠道和方式，筹集生产经营和发展所需资金的行为和过程。

首先，创业是个内容十分丰富的概念。简单说就是创办为社会提供产品与服务的企业。一个从事创业活动的人被称为创业者。创业可以分为不同类型，按所有者性质划分，有国家创业企业、民间创业企业，以及混合型创业企业；按规模划分，有大型、中型、小型、微型及个人创业；按产出分，有产品型、创业与服务型创业。不同类型的创业具有不同的特点并承担不同的任务。现阶段，通常认为创业是指发现、创造和利用商业机会，创立新的企业，以创新方式将各种经济要素综合起来以实现创业企业价值最大化为目的的经济活动。创业者是指活跃在企业创立和成长阶段的企业经营者，或者是创业活动的推动者。

其次，融资是指资金的融通。狭义的融资，主要是指资金的融入，也就是通常意义上的资金来源，具体是指通过一定的渠道，采用一定的方法，以一定的经济利益付出为代价，从资金持有者手中筹集资金，组织对资金使用者的资金供应，满足资金使用者在经济活动中对资金需要的一种经济行为。国内大部分人对融资的定义有两种：一是资金融通；二是储蓄向投资的转化。

创业融资是社会融资的基本组成部分，主要是指根据企业的经营策略与发展需要，经过科学的预测和决策，通过一定的渠道，采用一定的方式，利用内部积累或向企业的投资者及债权人筹集资金，组织资金的供应，保证企业生产经营需要的一种经济行为。

从融资主体角度，可对企业融资方式做三个层次的划分：第一层次为外源融资（External Financing）和内源融资（Internal Financing）；第二层次根据资金供求双方的交易选择方式（是否通过金融中介的代理选择）将外源融资划分为直接融资（Direct Financing）和间接融资（Indirect Financing）；第三层次根据金融工具的法律性质，对直接融资和间接融资再做进一步的细分，可分为权益性资本融资（Equity Financing，又称股权融资）和债务融资（Debt Financing）。

最后，众所周知，创业企业与一般企业相比存在着不成熟性、不稳定性和发展的不确定性等特征，而且外部环境和内部条件决定了创业企业的风险要远大于一般企业。无论选择哪一种融资方式，信用的缺失与地位规模的弱小将导致创业企业在融资市场的资本与信贷的"双缺"。资金缺乏是限制创业企业发展的主要瓶颈之一，因此创业融资问题成为当前研究的一个热门话题。

二、大学生创业融资的特点

作为创业主体的大学生普遍热衷于自主创业，创业心态日趋成熟，但基本上还处于非理性阶段。与社会上的中小企业创业融资相比较，大学生创业融资主要有以下特点：

（1）创业融资渠道单一。创业初期最需要的是低成本资金支持，如果比较亲近的亲朋好友在银行存有定期存款或国债，你可以和他们协商借款，按照存款利率支付利息，并适当上浮，这样可以让你非常方便快捷地筹集到创业资金，亲朋好友也可以得到比银行略高的利息，可以说两全其美。不过，这需要借款人有良好的信誉，必要时可以找担保人或用房产证、股票、金银饰品等做抵押，以解除亲朋好友的后顾之忧。后期大学生可以不局限于向身旁的亲朋好友寻求资金支持，及时拓宽思路，以吸引企业、银行、担保公司、风险投资机构等多方的关注与支持。

（2）过分强调资金和社会关系的重要性。当前很多大学生对于创业条件的理解仅仅停留在"物质"层面，而忽视了自身素质与能力的培养，这样去创业失败的概率很大。大学生应首先对自身素质有一个客观、理性的认识，通过学习和实践不断提高自身的专业素质与实际操作技能，最终凭借自身的智慧与勇气使创业走向成功。

（3）缺乏一套科学的融资方案。尽管大学生有独立创业的愿望与热情，但真正面对激烈的市场竞争局面时，还是会因自身底气不足而却步。另外相比发达国家大学生创业的融资环境，我国的大学生创业融资有着自己的特点。比如中美两国大学生创业资本的来源不同：在投资方式上，中国当代大学生没有雄厚的物质基础，资金有限，唯有利用专利、专业技术或高新技术成果等无形资产进行投资，多数创业者都是由技术人员向管理和经营人员转化，这是两国大学生创业的共同特点。在吸收风险投资商方面，两国大学生有较大的差异。美国是世界上创业投资最发达的国家，有成熟的资本市场，风险投资资金充足，信息服务行业发达，各种咨询服务机构齐全，因而美国大学生的创业计划多数都具有可行性，市场前景好，容易得到风险投资，公司发展就较快。而目前我国资本市场相对落后，创业投资处于不成熟、不完善阶段，二级市场又存在无序混乱，融资相对来说更困难。大学生由于缺乏资金和时间，因而许多优秀的创业计划难以付诸实践。

三、创业融资的作用

创业企业要想在一定时间内做大，单靠自力更生确实非常困难。其中最大的困难就是没钱，没钱撑到找到产品市场匹配，没钱支持扩大市场规模，等等。因此，大部分创业企业都会通过融资来支撑企业的快速发展。当然，除了显而易见的好处，创业企业融资还会带来一些看不见的意外之喜。

（1）有效解决企业资金难题。资本是企业经济活动的第一动力和持续动力。企业能否获得稳定的资金来源，并及时筹集生产要素组合所需的资金，对经营和发展都至关重要。这也是最直接的影响，企业融资就是为了解决资金难题。资金的支持可以帮助企业解决眼下问题，为企业未来的发展打基础，让企业在同行中有更强的竞争力。同样的环境下，有资金支持的企业会坚持得更久。

（2）获得企业运营指导。很多天使投资人都是行业中的专家，有着丰富的创业经验和行业经验。他们具备挑选项目的眼光，更有培育项目的能力。他们提供的关于产品、技术方面的专业意见，或者关于企业管理、商业模式、战略方向的经验及思考对创业企业是无价之宝，远重于钱本身。

（3）获得更多的资源。获得了投资人的投资，同样还获得了投资人背后的资源，包括但不限于政府、媒体、人才、市场渠道及下一轮融资的渠道等。为了扶持早期项目，天使投资人往往愿意向创业者提供这些资源，事实上很多创业者在选择投资人的时候就是以这些资源为依据的。

（4）改善企业内部结构，提高运作效率。引入战略性私募投资者，可以帮助中小企业改善股东结构，建立起有利于企业未来上市的治理结构、监管体系和财务制度。

（5）为企业带来长期、稳定的发展。促进股权融资，共同推进企业发展。上市后便在市场上建立了信用档案，让上市企业能用最少的钱办最多的事。

（6）挂牌上市。很多人想要获得投资，其实并不一定是为了寻得资金的支持，更多的还是为了让企业真正步入正轨，拥有更多的有效资源，为企业打通上升的途径。

综上，我们所认为的创业融资不仅仅指代货币融资，更包含看不见的一系列创业融资，比如资源、制度、商业建议等。由此可见，创业融资的作用非常之广泛，更包含着无数的无形资产，这些在创业过程中起着关键性的作用。

■ 第二节　创业融资的原则和渠道

一、创业融资的原则

（一）融资收益与融资成本的比较原则

企业在进行融资之前，首先考虑的不是各式各样的融资途径，更不要草率地做出融资决策。因为融资意味着需要成本，融资成本既有资金的利息成本，还有可能是昂贵的融资费用和不确定的风险成本。一般来说，按照融资来源划分的各种主要融资方式，融资成本的排列顺序依次为财政融资、商业融资、银行融资、债券融资、股票融资，当然这仅是不同融资方式、融资成本的大致顺序，具体分析时还要根据具体情况而定。比如，财政融资中的财政拨款不但没有成本，而且有净收益，而政策性银行低息贷款则有较少的利息成本。对于商业融资，如果企业在现金折扣期内使用商业信用，则没有资金成本；如果放弃现金折扣，那么资金成本就会很高。再如对股票融资来说，发行普通股与发行优先股，融资成本也不同。因此，只有经过深入分析，对融资的收益与成本进行仔细比较，确定利用资金所预期的总收益大于融资的总成本时，才有必要考虑如何融资。这是企业融资决策的首要前提。

创业企业所能筹集到的资金是非常有限的，因此企业在融资前就要确定融资规模。融资过多就可能造成资金闲置浪费，导致融资成本的增加，另外也可能导致企业负债过多，负债过多创业企业偿还起来就更加困难，增加了财务风险，危及了企业的生存，而这段时间，生存才是前提；相反，融资不足就会影响企业经营与投资计划的实施，以及其他业务的正常开展。因此，企业在进行融资决策时，要仔细斟酌，根据企业对资金的需要、企业自身的实际条件以及融资的难易程度和成本情况，确定合理的融资规模。

（二）把握融资机会的原则

所谓融资机会，是指由有利于企业融资的一系列因素所构成的有利的融资环境和时机。企业选择融资机会的过程，就是企业寻求与企业内部条件相适应的外部环境的过程，特别是对于创业企业，就更有必要对企业融资所涉及的各种可能影响因素做适时的综合分析，利用环境，抓住时机。一般来说，要充分考虑以下几个方面：

1. 适应外部融资环境，把握各种有利时机

由于企业融资机会是在某一特定时间所出现的一种客观环境，虽然企业本身必然也会对融资活动产生影响，但与企业外部环境相比，企业本身对整个融资环境的影响是有限的。在大多数情况下，企业实际上只能适应外部融资环境而无法左右外部环境，比如说，每一时期国家对经济的宏观调控政策都不相同，或者是每一阶段国家鼓励发展的行业也在不断变化。事实证明，外部环境的变化总会伴有新行业和新领域的产生。因此，创业企业确保融资获得成功就必须充分发挥主动性，积极地寻求并及时把握住各种有利时机。

2. 企业融资决策要有超前预见性

由于外部融资环境复杂多变，企业融资决策要有超前预见性。为此，企业要能够及时掌握国内和国外利率、汇率等金融市场的各种信息，了解国内外宏观经济形势、国家货币及财政政策以及国内外政治环境等各种外部环境因素，合理分析和预测能够影响企业融资的各种有利和不利条件，以及可能的各种变化趋势，以便寻求最佳融资时机，果断决策。

3. 结合本企业自身的实际情况制定出合理的融资决策

企业在分析融资机会时，必须要考虑具体融资方式所具有的特点，结合本企业自

身的实际情况，适时制定出合理的融资决策。比如，企业可能在某一特定的环境下，不适合发行股票融资，却可能适合银行贷款融资；企业可能在某一地区不适合发行债券融资，但可能在另一地区却相当适合。

（三）制定最佳融资期限的原则

企业融资按照期限来划分，可分为短期融资和长期融资。企业做融资期限决策，即在短期融资与长期融资两种方式之间进行权衡时做何种选择，主要取决于融资的用途和融资人的风险性偏好。

从资金用途来看，如果融资是用于企业流动资产，则根据流动资产具有周转快、易于变现、经营中所需补充数额较小及占用时间短等特点，适宜选择各种短期融资方式，如商业信用、短期贷款等；如果融资是用于长期投资或购置固定资产，则由于这类用途要求资金数额大、占用时间长，因而适宜选择各种长期融资方式，如长期贷款、企业内部积累、租赁融资、发行债券、股票等。

从风险性偏好角度来看，在融资期限决策时，可以有配合型、激进型和稳健型三种类型。

（1）配合型融资政策。对于临时性流动资产，运用临时性负债融资满足其资金需要；对于永久性资产，运用长期负债、自发性负债和权益资本融资满足其资金需要。

（2）激进型融资政策。临时性负债不但解决临时性流动资产的资金需要，还解决部分永久性资产的资金需要。

（3）稳健型融资政策。企业不但用长期资金融通永久性资产，还融通一部分甚至全部流动性资产。当企业处于经营淡季时，一部分长期资金用来满足流动性资产的需要；在经营旺季时，流动性资产的另一部分资金需求可以用短期资金来解决。

（四）企业的控制权原则

企业在融资时，经常会发生企业控制权和所有权的部分丧失，这不仅直接影响到企业生产经营的自主性、独立性，还会引起企业利润分流，使得原有股东的利益遭受巨大损失，甚至可以影响到企业的近期效益与长远发展。因此，在考虑融资的代价时，只考虑成本是不够的。当然，在创业企业需要资金的情况下，也不可能只考虑守着控制权不放。比如，对于一个急需资金的小型高科技企业，当面临某风险投资公司较低成本的巨额投入，但要求较大比例控股权，而此时企业又面临破产的两难选择时，一般来说，企业还是应该从长计议，在股权方面适当做些让步。

（五）寻求最佳资本结构的原则

1. 融资风险控制与资本结构

创业企业融资时，应该高度重视融资风险的控制，尽可能选择风险较小的融资方式。企业高额负债，必然要承受偿还的高风险。在企业融资过程中，选择不同的融资方式和融资条件，企业所承受的风险大不一样。比如，企业采用变动利率计息的方式贷款融资时，如果市场利率较高，而预测市场利率将呈下降趋势，这时企业贷款适宜按浮动利率计息；如果预测市场利率将呈上升趋势，则适宜按固定利率计息；这样既可减少融资风险，又可降低融资成本。对各种不同的融资方式，企业承担的还本付息风险从小到大顺序一般为：股票融资、财政融资、商业融资、债券融资、银行融资。

企业为了减少融资风险，通常可以采取各种融资方式的合理组合，即制定一个相对更能规避风险的融资组合策略，同时还要注意不同融资方式之间的转换能力。比如，对于短期融资来说，其期限短、风险大，但其转换能力强；而对于长期融资来说，其风险较小，但与其他融资方式间的转换能力较弱。

企业在筹措资金时，常常会面临财务上的提高收益与降低风险之间的两难选择。那么，通常该如何进行选择呢？财务杠杆和财务风险是企业在筹措资金时通常需要考虑的两个重要问题，而且企业常常会在利用财务杠杆作用与避免风险之间处于一种两难处境：企业既要尽力加大债务资本在企业资本总额中的比重，以充分享受财务杠杆利益，又要避免由于债务资本在企业资本总额中所占比重过大而给企业带来相应的财务风险。在进行融资决策与资本结构决策时，一般要遵循的原则是：只有当预期普通股利润增加的幅度将超过财务风险增加的幅度时，借债才是有利的。财务风险会影响到普通股的价格，一般来说，股票的财务风险越大，它在公开市场上的吸引力就越小，其市场价格就越低。

因此，企业在进行融资决策时，应当在控制融资风险与谋求最低收益之间寻求一种均衡，即寻求企业的最佳资本结构。

2. 最佳资本结构的决策程序

当一家企业为筹得一笔资金面临几种融资方案时，企业可以分别计算出各种融资方案的加权平均资本成本率，然后选择其中加权平均资本成本率最低的一种。被选中的加权平均资本成本率最低的那种融资方案只是诸多方案中最佳的，并不意味着它已经形成了最佳资本结构，这时，企业要观察投资者对贷出款项的要求、股票市场的价格波动等情况，根据财务判断分析资本结构的合理性。同时企业财务人员可利用一些财务分析方法对资本结构进行更详尽的分析，根据分析结果，在企业进一步的融资决策中改进其资本结构。

二、创业融资的障碍

创业企业融资的障碍可以从创业企业内部和外部两个方面分析。从内部看，我国中小企业自身的制度缺陷使中小企业群体普遍缺失信用、企业的产权模糊，以及创业企业由于技术与市场的不确定所导致的高风险经营是造成目前中小企业融资困难的最重要的原因。从外部环境看，我国中小企业融资困难主要是因为现有金融体系的不完善，其不能适应中小企业的资金需求，现有的金融体制下满足中小企业资金需求的制度供给不足，国家长期推行的经济和产业政策，漠视了中小企业发展和资金需求。

（一）创业企业的内生障碍因素

1. 信用障碍

货币金融学中狭义的信用指还本付息的借贷关系，我们讲的信用是一个内涵比较广泛的概念，包含了道德范畴的信任、信誉、诚信等含义。从经济交易角度来看，良好的信用是经济交易顺利进行的基础，也是一个社会经济赖以繁荣发展的前提。

创业企业在市场经济的实际运作过程中，更注重的是企业的经营效益，而不是企业的诚信形象管理，他们往往没有深刻意识到企业诚信文化的重要性。所以，很多企业都在利用不太牢靠甚至是铤而走险的行为，来获取短期内的高额利润，天然地就存在信用"缺口"。

2. 管理障碍

企业的创立发展是一个综合工程，需要多方面的知识，对管理者的素质要求很高。管理者既要懂技术，又要懂财务，同时要具备长远的发展眼光，具有前瞻性，还需要良好的沟通能力、交际能力和心理素质。一个全能型，具有创新精神和协作意识的管理阶层才能使企业历经大风大浪。但目前中国创业企业的管理者以及员工的综合素质普遍较低，这无疑制约了企业的发展，也在无形间增加了企业创业融资的难度。

3. 风险障碍

创业企业在创新过程中，由于技术领先，中小企业为谋求快速成长而投资"高风险，高回报"的项目，企业发展不明确，产品和市场不明确，企业运行过程中存在技术风险、市场风险、经营风险等。

中小企业群体的信用缺失，从整体上加大了银行对创业企业的贷款风险，导致银行对中小企业的还款能力没有信心。这也是金融机构，特别是大型金融机构面对中小企业的资金需求时，难以摆脱的问题。

（二）创业融资的外部障碍

1. 现有金融体制障碍

（1）国有商业银行与国有大企业的刚性依赖。从金融体制的角度来看，制度供给不足是造成中小企业融资困难的重要原因。我国现有的以四大国有商业银行为主体的、高度集中和垄断的金融体制，"天生"就不适合，也不可能为中小企业提供金融服务，这是由我国的经济体制和经济结构决定的。国有大企业对国有商业银行的资金需求已经演化成一种刚性依赖，国有银行虽然已经进行了企业化改制，实际上仍然要承担部分"政策性业务"，完全按照利益最大化要求运作是不可能的，也是不现实的。而从改制后的国有商业银行来讲，为了自身的利益也愿意维持这种"合作关系"。一方面，这些国有大企业由以前的"合作者"变成了自己的"大客户"，必须维持好已有的关系；另一方面，为国有大企业服务，可以从政府方面获得许多"好处"，这样，国有商业银行和国有大企业形成一种事实上的相互依赖关系。

（2）金融机构经营策略的转变。随着近十几年银行企业化改革力度的加大，国有商业银行经营策略进行了重大调整，逐步由分散经营走上了集约化经营的道路。在新的信贷管理体制下，各商业银行实行"审贷分离""贷款风险终身责任制"，加之内部约束机制与激励机制不对称，信贷员普遍缺乏拓展信贷市场的积极性，基本上放弃了对中小企业的金融服务，即使我国各大商业银行在全国有数以万计的分支机构和营业网点。因此，从成本—收益的比较来看，部分或全部放弃对中小企业的融资服务，似乎也是符合国有商业银行利益最大化要求的。

（3）中小金融机构对创业企业的支持有限。原有的地方中小型金融机构，在近几年金融体制改革力度不断加大的环境下，也逐渐和地方政府"脱钩"。现实中的中小金融机构，在"脱钩"之后的市场定位却是和国有大商业银行共同在大中城市进行竞争，从中小企业融资需求角度来看，这使中小企业失去了最有可能的金融支持。

目前来看，由于中小金融机构规模有限，对中小企业创业的支持力度还未成气候，虽然国家已经重点关注和扶持中小企业，但从银行的风险管理角度出发，中小企业始终还是处于融资劣势。因此，从制度的完善角度来看，我国现有的金融体系缺乏真正为中小企业提供服务的金融中介，这种制度上的供给不足是造成中小企业融资困难的主要外部环境条件。

2. 宏观经济政策导向与法律法规障碍

改革开放以后，随着创业的不断发展，中小企业在全国各地如雨后春笋般地发展，经济实力不断壮大，中小企业已经成为我国国民经济增长的主要动力。但是，出于种种原因，在我国客观上仍然存在着国有企业—城镇集体企业—乡镇集体企业—民营（私营）企业。例如，国有大中型企业可以享受挂账停息、呆账准备、资本结构优化扶持资金、优先上市等各种优惠政策措施，而中小型企业只能"靠边站"，银行可以敞开大门与国有大企业签订银企合作协议、承诺贷款合同，中小企业则只能"晾在一边"。

三、创业融资的渠道

融资渠道就是指企业筹措资金的方向和通道，这体现了资金的来源和流量，了解企业的融资类型和融资方式，对企业的生存和发展是极其关键的。任何创业都是需要成本的，就算是最少的启动资金，也要包含一些最基本的开支，如产品订金、店面租金等，更别说大一些的商业项目了。因此，对创业者来说，快速、高效地筹集到资金，是创业成功至关重要的因素。以下我们从大学生的角度，对获得创业贷款的各种渠道进行比较分析。

大学生创业资金来源如图 10-1 所示。

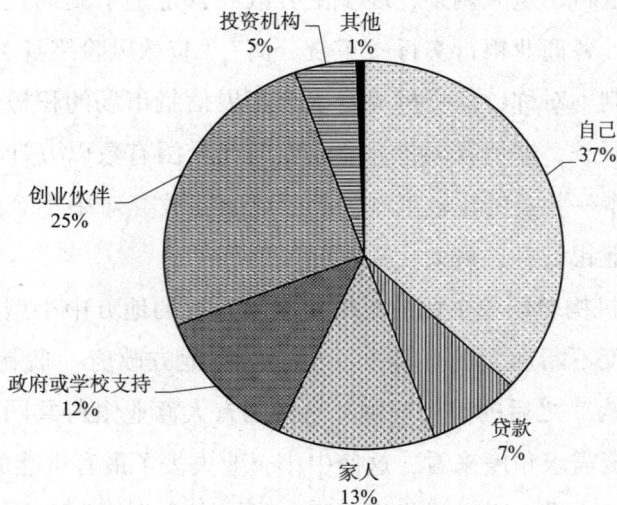

图 10-1　大学生创业资金来源

我们知道"资金是创业的拦路虎""巧妇难为无米之炊"。没有资金，再好的创意也难以转化为现实的生产力。同时我们在获取资金前，首先得明白自己需要多少资金，如何获得资金，资金的来源渠道如何。大学生要拓展思路，多渠道融资，除了银行贷款、自融资金、民间借贷等传统途径外，还可充分利用风险投资、天使投资、创业基金等融资渠道。目前国内创业者的融资渠道较为单一，主要依靠银行等金融机构来实现，其实，创业融资，要多管齐下，千万别吊死在一棵树上，这样才能多多益善。下面，我们将对每一种融资方式的优点和缺点及其应对措施做出分析。

（一）政策基金——政府提供的创业基金

政府提供的创业基金通常被称为创业者的"免费皇粮"。近年来，政府充分意识到创业对促进经济增长、扩大就业容量和推动技术创新有着非常重要的作用。基于创业所带动的就业倍增效应、创业机会较多，以及我国人口众多、就业形势严峻等现实国情，政府不断采取各种方式扶持大学生创业。为此，各级政府相继设立了一些政府基金予以支持。这对于拥有一技之长又有志于创业的诸多科技人员，特别是归国留学人员是一个很好的吃"免费皇粮"的机会。大学生寻求政府资金资助，但政府的资金来源是有限的，只能满足很少一部分项目的需要。这里的创业基金是指政府为了鼓励创业，用于企业创业辅导和服务，支持技术创新，鼓励专业化发展以及开拓国际市场专门设立的基金。一般有财政贴息和创新基金两种渠道。创业基金是吸收政府投资的最理想方式，也是大学生创业最值得争取的融资方式。

政策基金的优势是利用政府资金，不用担心投资方的信用问题；政府的投资一般都是免费的，这降低或者免除了融资成本。缺陷是申请创业基金有严格程序要求；政府每年的投入有限，融资者需面对其他融资者的竞争。应对这些问题的方法是：认真了解和学习政府的有关产业政策和扶持政策，严格按照规定程序提交申请资料，少走弯路；有优势的创业项目和完善的创业计划书，做好申请的准备工作。

（二）亲情融资——成本最低的创业"贷款"

亲情融资即向家庭成员或亲朋好友筹款。个人筹集创业启动资金最常见、最简单而且最有效的途径就是向亲友借钱，它属于负债融资的一种方式。在中国，因为亲情、友情因素的存在，通过这条途径取得亲友的支持，筹集创业资金就比较容易。但是这种融资方式所能筹到的钱是有限的，不能满足较大数额的资金需求。

亲情融资的优势是，因为是向亲友借钱，一般不需要承担利息，也就是说，向亲友借钱没有资金成本。因此，向亲友借钱只在借钱和还钱时增加现金的流入和流出，不会增加创业的成本。用这个方法筹措资金，速度快，风险小，成本低。它的缺陷是向亲友借钱创业，会给亲友带来资金风险，甚至是资金损失，如果创业失败就会影响双方感情。应对这些问题的方法是：借钱之初就向亲友说明借钱具有一定的风险；为了能够取得亲友支持，有效地借到创业资金，创业者应不断提高自身与亲友之间的亲情和友情；向亲友说明创业计划的可行性和预期收益以及风险度；主动给亲友写下书面借据或书面借款协议；定期报告个人创业的进展情况，及时沟通信息；及时偿还所有借款，提高个人信用；不长期拖欠，明白"有借有还再借不难的道理"。另外，毕竟有"富豪"亲友的大学生创业者是少数，因此从亲友处筹一次两次钱是可行的，却难把其作为一个长期的融资源。大学生创业者应该发挥主观能动性，寻找其他比较适合的融资方式。

（三）天使基金——民间的创业基金

天使投资（Angel Capital）是创业者的"婴儿奶粉"。天使投资是自由投资者或非正式风险投资机构，对处于构思状态的原创项目或小型新创企业进行的一次性的前期投资。天使投资虽是风险投资的一种，但两者有着较大差别：天使投资是一种非组织化的创业投资形式，其资金来源大多是民间资本，而非专业的风险投资商；随着我国政府对民间投资的鼓励与引导，以及国民经济市场化程度的提高，民间资本正获得越来越大的发展空间，目前，我国民间投资不再局限于传统的制造业和服务业领域，而是向基础设施、科教文卫、金融保险等领域"全面开花"，对正在为"找钱"而发愁的创业者来说，这无疑是"利好消息"。天使投资的门槛较低，有时即便是一个创业构思，只要有发展潜力，也能获得资金，而风险投资一般对这些尚未诞生或嗷嗷待哺的"婴儿"兴趣不大。

在风险投资领域，"天使"这个词指的是企业家的第一批投资人，这些投资人在公司产品和业务成型之前就把资金投入进来。天使投资人通常是创业者的朋友、亲戚或商业伙伴，由于他们对该企业者的能力和创意深信不疑，因而愿意在业务远未开展之前就向该企业者投入大笔资金。一笔典型的天使投资往往只是区区几万到几十万不等，是风险资本家随后可能投入资金的零头。对刚刚起步的创业者来说，既吃不了银行贷款的"大米饭"，又沾不了风险投资"维生素"的光，在这种情况下，只能靠天使投资的"婴儿奶粉"来吸收营养并茁壮成长。

天使基金的使用优点是民间资本的投资操作程序较为简单，融资速度快，门槛也较低。缺点是民间投资者在投资的时候总想控股，因此容易与创业者发生矛盾。应对这些问题的方法为避免矛盾，双方把所有问题摆在桌面上谈，并清清楚楚地用书面形式表达出来。此外，对创业者来说，对民间资本进行调研，是融资前的必修课。

（四）合伙融资

寻找合伙人投资是指按照"共同投资、共同经营、共担风险、共享利润"的原则，直接吸收单位或者个人投资合伙创业的一种融资途径和方法。

使用合伙融资的优势是：创业社会化是一种趋势，由于一个人势单力薄，所以几个人凑在一起有利于创业投资，合伙创业不仅可以有效筹集到资金，还可以充分发挥人才的作用，并且有利于对各种资源的利用和整合，增强企业信誉，能尽快形成生产能力，有利于降低创业风险。但它也有缺陷，俗话说"生意好做，伙计难做"，合伙投资可以解决资金不足的问题，但也有一些问题。合伙人多了就很容易产生意见分歧，降低办事效率，也有可能因为权利与义务的不对等而产生矛盾，不利于合伙基础的稳定。应对措施是：首先要明晰投资份额。个人在确定投资合伙经营时应确定好每个人的投资份额，也不一定平分股份就好，平分投资股份往往会埋下矛盾的祸根。其次，要加强信息沟通。既然合伙创业，那企业就是大家的，为了企业的发展和感情的延续，大家应该加强信息的沟通，以统一意见，减少误解与分歧。最后，要事先确立章程。很多人合伙都是因为感情好，你办事我放心，所以就相互信任。合伙企业不能因为大家感情好或者有血缘关系就没有企业的章程，没有章程是合作的大忌。

（五）风险投资

风险投资是创业者的"维生素 C"。在英语中，风险投资（Venture Capital）的简称是 VC，与维生素 C 的简称 VC 如出一辙，而从作用上来看，两者也有相同之处，即都能提供必需的"营养"。广义的风险投资泛指一切具有高风险、高潜在收益的投资；狭义的风险投资是指以高新技术为基础，生产与经营技术密集型产品的投资。风险投资是一种融资和投资相结合的全新投资方式，是指创业者通过出售自己的一部分股权给风险投资者获得一笔资金，用于发展企业、开拓市场，当企业发展到一定规模时，风险投资者出卖自己拥有的企业股权获取收益，再进行下一轮投资。许多创业者就是利用风险投资使企业度过幼小阶段。大学生创办高新技术企业可以争取风险投资基金的支持，但能否争取到，主要取决于个人信用保证以及项目发展前景。立志自主创业的大学毕业生可以通过创业大赛、委托专门的风险投资公司、在网上或其他媒体发布寻资信息寻找投资人。此外，还可以参加创业培训班，在老师的帮助下通过制定科学严谨、可操作性强的"创业计划书"来说服风险投资者，甚至可以争取到"大学生创业基金"。

（六）金融机构贷款——银行小额贷款

银行贷款被誉为创业融资的"蓄水池"，由于银行财力雄厚，而且大多具有政府背景，因此在创业者中很有"群众基础"。从目前的情况看，银行贷款有以下四种：

（1）抵押贷款，指借款人向银行提供一定的财产作为信贷抵押的贷款方式。

（2）信用贷款，指银行仅凭对借款人资信的信任而发放的贷款，借款人无须向银行提供抵押物。

（3）担保贷款，指以担保人的信用为担保而发放的贷款。

（4）贴现贷款，指借款人在急需资金时，以未到期的票据向银行申请贴现而融通资金的贷款方式。创业者从申请银行贷款起，就要做好打"持久战"的准备，因为申请贷款并非只与银行打交道，而是需要经过市场监督管理部门、税务部门、中介机构等一道道"门坎"，而且手续烦琐，任何一个环节都不能出问题。

■ 第三节　要融资？先讲一个让投资人心动的故事

一、商业演讲

在现代商业社会里，有很多场合需要在公众面前展开专业和精彩的陈述、展示和演讲，如会议竞聘演说、产品发布会、企业宣讲会、产品营销展示、企业内训、述职报告、主题演讲、技术交流、竞标演示、融资路演等。就算有再好的商业模式、产品或能力，如果无法对外界有效准确地传达，也很难发挥优势。公众演说被越来越多的人用于商业活动中，正日益成为职场人士必备的核心素质之一。

然而，由于缺少表达与演讲呈现能力的训练，并不是每个人都能很好地进行商务演讲与呈现，对于一些没有练习过这方面技巧的人来说，这是很头疼的经历。当然，这一技能是可以通过训练获得提升的，所以对于努力和用心的人来说，成为一个公众演讲水平不错的人并不是一件难事。以下我们简单介绍一下商务演讲的基本要求。

（一）成功高效的演讲需具备的特点

（1）演讲内容与呈现符合听众需求。

（2）内容结构紧凑、思路清晰地表达观点，具有很强的沟通力。

（3）通俗易懂、动之以情、引起共鸣，让听众感到乐趣，具有很强的传播力。

（4）形象化表达、生动化演绎，自信大气地展现自我和企业形象，具有很强的呈现力。

（5）有理有据地论证观点，达成演讲目的；使听众行动起来，具有很强的说服力。

（6）使用非语言的技巧，熟练巧妙地运用 PPT 等演示工具，使商务演讲完美呈现。

（二）商务演讲的基本原则

（1）商务演讲应遵循明确的目标目的、受众导向的原则。

（2）KISS 原则：Keep it Simple and Stupid。热情、自信、专业、准确、简洁、互动。

（3）以"讲"为主：用有声语言向听众传达你的主张。

（4）以"演"为辅：有一定的艺术性，具有感染力，各要素（语言、声音、形态、环境）要形成相互协调的美感。

（三）融资演讲稿的页数

融资演讲稿一般为 7~12 页。我们很少见到哪家创业企业的演讲稿做得太少，相反大多都太啰唆。所谓的融资演讲稿，不论是当面阐述还是通过邮件发给投资人，其目的就是吸引风险投资人的注意力，但大多数投资人的注意力持续时间都太短了，那么我们就要好好思考一下自己的内容，比如那些我们觉得重要的信息可以把它概括在一张附录里——这样在必要的时候可以轻松地为演讲稿扩充内容。

（四）融资演讲稿中应该设定哪些页面

以下是介绍的流程：

（1）问题是什么？你和这个问题的关系如何？（问题的提出）

（2）你打算怎么解决这个问题？（解决方案）

（3）你的解决方案已经帮助到多少人？（市场牵引力）

（4）一共有多少人需要用到你的解决方案？（市场规模）

（5）你这种方案能赚多少钱？（商业模式）

（6）为什么你的团队是解决这个问题的最佳人选？（团队）

（7）解决这个问题你需要什么？（融资等要求）

二、展示时的技巧

如果说当你已经开始触达投资人了，那么无论是哪种方式，最后你都需要去路演或者直接与投资人交流。那么在路演或者是一对一交流的时候，还有哪些需要注意的地方可以帮助你打动投资人呢？

1. 内容简要易懂

路演或者一对一展示时，最基本的原则就是让投资人和现场所有人都能够轻松地看懂、听懂。陈述报告要简洁明了，避免使用过多的技术术语；商业计划书和 PPT 最好是定制，多使用直观的图表。

2. 控制时间

首先，路演和展示时都要控制好自己的演讲时间，一般在 10 分钟左右。回答投资人的问题则要在 5 分钟左右。唯一要做的就是短时间内打动投资人。你需要在沟通进程中，尽可能去合理控制时间，切忌拖沓。回答投资人的问题时还要注意留给另外的投资人时间提问，不要在一个问题上耽误太多的时间。

3. 聚焦要点

聚焦内容要点，即商业模式、投资回报、市场前景、竞争优势、管理团队等，同时这些也是投资人感兴趣的内容。结合融资轮次的特点，着重介绍不同融资轮次关注的重点，还有就是要注重基础数据的支撑和退出机制的介绍。

4. 态度诚恳

创业者要诚信，绝对不要说假话，即使是成功获得投资也要真诚地沟通，态度诚恳。不要只报喜不报忧，要务实，你的理想目标要有依据、能力支撑，切忌夸夸其谈；否则，一旦给投资人留下不好的印象，以后的合作机会就会小很多。如果留下不好印象的是业内知名或者有威望的投资人，那么其他投资人对你的印象也不会好。

5. 认真回答

回答的时候要有理有据，条理清晰。不要逻辑混乱或者答非所问，尤其是不要一问多答或者多问一答。最好就每一个问题给予逻辑清晰、令人信服的回答。也千万不要不答，因为你不回答，就永远不知道你有没有需要提升和改进的地方。如果表达出来，即使没有令投资人满意，也可以虚心请教，获得对应的点拨，从中去完善你的回答。之后与其他机构或者投资人再次交流时，遇到这样的问题也不会害怕了。

6. 自信不傲慢

在投资人面前要充满自信。因为融资是一个漫长的过程，其中难免会产生自我怀疑等负面情绪，这些都很正常。但在与投资人的交流中千万不要流露这样的情绪，如果一家公司的创始人连自己都不自信，怀疑自我了，试问还有谁敢投资你们呢？然而自信却不能傲慢，在投资人面前不要太有侵略性。千万要有度，过度会留下过于激进、很难听取建议的印象。

7. 理念一致

交流从来都是双向的，正如感情是双向的，选择是双向的。那么在一问一答的交流间，你要去感受投资人的理念和企业未来的发展以及与你是否一致，这是非常重要的。因为当投资人进来之后其实就是一家人了，如果投资人对你未来做事的方向不认可会导致非常大的麻烦。

8. 切勿主动提钱

虽然计划书里面有详细的财务计划与融资说明，但是你也不必主动提融资额的问题，除非投资人主动提出。你应该始终将重点放在此次沟通的要点或者投资人更为关注的事项上。一旦主动提钱，很可能给投资人留下激进的不好想法。

9. 友好结束

除了全程保持态度始终如一的友好，也千万不要着急地问："您觉得我的机会有多大？"更不要激进地说："希望您尽快答复，我还有很多投资人在约我，我需要考虑。"否则，你之前的一切努力可能付诸东流。你只需在表达感谢之余，耐心地等待答复或者按照正常程序咨询结果即可。

10. 其他注意事项

（1）交流前，需要多准备几份纸质版彩印的商业计划书，装订成册，前往与投资人约定的地点后可以交给投资人。因为有些时候，你们的约见地点可能不在双方的办公室，而在其他场所，或者有时候办公室设备故障，那么此时，你的纸质版商业计划书就会派上用场，这还可以从细节处体现出你考虑周到。即使用不上纸质版商业计划书，当你在路演或者交流时递上一份这样的商业计划书，也会加深投资人对你的印象。

（2）保证联合创始人都要了解公司的商业计划书，以保持一致性。有时候可能多个投资人或机构在同一时间约见你，此时你就会分身乏术，需要公司的联合创始人能够帮你去见另一个投资人。那么你们都需要熟知自己公司商业计划书的内容，你们说出的项目内容要尽量一致，千万不要说出各自的版本。

案例展示

苹果公司融资方式

对于一般的创业者来说，找钱是很难的过程。小米创始人雷军在早年创办卓越的时候谈过八九次融资，找到钱的过程极为艰难。雷军自己做天使投资的时候就琢磨，怎么能够像马云那样融钱？其实这里面并没有太多的技巧，雷军说自己觉得最重要的是怎么让投资者相信你能够做成一件伟大的事情。

不同企业特征下融资方式的选择如表10-1所示。

表 10-1　不同企业特征下融资方式的选择

企业所处的阶段	企业特征	融资方式的选择
种子期、初创期	现金流量小 负债率高 较低、中等成长 未经证明的管理层	向亲朋融资私人借贷
成长期	高成长 得到证明的管理层 独特的商业创意或竞争优势	股权融资
成熟期	稳定的现金流 低负债率 优秀的管理层 良好的资产负债表	债权融资混合融资

资料来源：孟祥英. 企业生命周期理论及其与企业融资的关系 [J]. 经济论坛，2005（23）：80-94.

苹果公司由乔布斯、伟恩和沃滋共同创立于 1976 年，并于 1977 年推出世界上第一台个人电脑。企业的核心业务是生产电子科技产品，知名的商品有 iPhone 手机、iPad 平板电脑、Macbook 笔记本电脑、iPod 音乐播放器以及应用软件等，在电脑系统上研发出独有的 MAC 系统，除此之外还有苹果的自有平台 APPSTORE 等。

苹果公司是由苹果电脑公司（Apple Computer. Inc.）更名而来，总部位于美国加利福尼亚州的库比蒂诺。如今，苹果公司的市值在全球范围来看一直都处于世界前列。

最值得学习的是在不同发展阶段的苹果公司对于不同融资方式的选择。

种子期是企业发展最初始的阶段。在这一阶段，苹果公司还处于产品的开发、实验和测试阶段。当时苹果 I 电脑还没问世，关于产品的设想还没有变成实物，因此，在这一阶段企业很难从外部筹集资金，而企业在这一阶段的资金需求是最迫切的，它往往可以影响到创始人头脑中的创意是否可以实现。基于以上特点，企业处在初创期时最实用和最理想的融资方式是自有资金、天使投资和政府扶持资金。

1976 年 4 月 1 日，乔布斯等人创办苹果电脑公司，创业者通过自筹获资 1 250 美元。这是早期苹果公司采用的融资方式，当时的企业还不成规模，无法获得外部融资。根据优序融资理论，企业在融资方式的选择中是具有最优顺序的，通常来说，内部融资是企业的首选。因为内部融资的成本较低，融资成本在融资效率的影响因素中占有很大一部分的比重。倘若企业的效率很低，即投入与产出不成比例，那么企业无法通过积累资金而实现企业价值的最大化。内部融资的条件较外部融资来说显得十分宽松，是最为简单的一种融资方式。

初创期苹果公司融资方式选择：初创期的苹果公司规模还比较小，没有稳定足够的收入，此时苹果公司还没有一个完善的经营计划且发展经验不足。持续地研发苹果Ⅰ电脑和苹果Ⅱ电脑仍然需要大量的资金，仅仅依靠乔布斯、沃兹的自筹资金以及马库拉的个人投资还远远不够。此时，企业需要大量的资金，且公司的经营风险较大，这使得有充足资金且愿意承担风险的风险投资成为该阶段最适合的融资方式之一。苹果Ⅰ电脑的成功为企业带来外部融资。1976年8月，苹果公司获得马库拉个人投资9.1万美元，以及其他风险投资60多万美元，其中，著名风险投资家阿瑟·罗克以一己之力就投入了5.76万美元。自此，苹果公司筹集到了100万美元的创业资金用于生产苹果Ⅱ电脑。此时的苹果公司正需要股权融资的加入，这样可以为企业带来大量的资金，保障企业的持续运营及企业的扩张需求。

成长期苹果公司融资方式选择：成长期是企业开始将产品推向市场的初始阶段。虽然此时苹果公司研发的苹果Ⅰ电脑受到了消费者的追捧与热爱，但是这也意味着企业对资金的需求量更大，企业要生产更多的产品满足市场的需求，同时也要保证产品的质量。该阶段苹果公司的技术风险已经下降，只是苹果电脑研发投入大，收入不足以继续投入更多资金进行产品研发。目前，公司很难通过自身积累来解决日益增长的资金需求，因此风险投资仍是现阶段最重要的融资方式。不过在这一阶段，企业的技术风险远远低于企业处在种子期和初创期，所以，私募股权投资也非常有可能愿意用资金去支持正处于成长期的企业。

1. 对外私募融资

1979年夏末，苹果电脑公司选择夹层融资，希望可以获得最后一轮上市前的融资。苹果公司吸引了施乐公司、Untunberg、Brentwood、罗斯柴尔德等资本公司以及16个个人投资者，购买苹果电脑公司的股份，单股价格为20.5美元。苹果通过这一轮的融资活动共获得了727万美元的资金。

2. 上市融资

1980年12月12日，苹果电脑公司选择IPO。这是苹果电脑公司首次向公众发行股票，发行价格为每股22美元，共发行460万股。苹果这次募集了1亿多美元，这是自福特公司1956年上市以来最大规模的首次公开募股。

成熟期苹果公司融资方式选择：处于成熟期的公司在公司规模、产品市场认知度、技术风险和市场占有率等方面都达到了前所未有的水平，公司的销售业绩和营利能力在这一阶段不断提高，远远超越了前三个阶段。此时企业的信用很高，银行信贷融资也是企业在成熟期可以选择的主要融资方式之一。苹果公司经常活跃于债券市场，自2013年以来，苹果公司每年都会发行债券。虽然过多的债券融资意味着大量的债务负担，但苹果公司拥有海量的现金储备，这代表着苹果公司可以维持较高的信用评级。

创业企业进行融资时，必须从全视野的视角出发，综合考虑进行权衡从而选择适合本企业的融资方式。如何选择融资方式可以使企业的融资成本最低、融资风险最小以及企业价值的最大化是创业企业应该重点考虑的内容。融资成本是影响企业融资方式选择的因素，根据优序融资理论，内部融资是首选融资方式，其次是债权融资，最后才是股权融资。根据均衡理论，企业融资时必须权衡债务的税收优势、代理成本和破产成本。

第十一章
市场营销

学习目标

1. 了解市场营销的基本概念和组成要素；
2. 掌握市场营销策略的选择和方法，包括定位、产品、价格、渠道和推广等；
3. 能够根据企业实际情况和目标，制定合适的市场营销策略，提高市场占有率和品牌知名度。

■ 第一节　市场营销的概念和作用

一、什么是市场营销

市场营销，英文是 Marketing，又称作市场学、市场行销或行销学。市场是商品经济的范畴，是一种以商品交换为内容的经济联系形式。对于企业来说，市场是营销活动的出发点和归宿。

市场营销既是一种职能，又是组织为了自身及利益相关者的利益而创造、沟通、传播和传递客户价值，为客户、合作伙伴及整个社会带来经济价值的活动、过程和体系。主要是指营销人员针对市场开展经营活动、销售行为的过程。

二、市场营销的组成

市场营销有以下四个基本组成部分：

（1）市场分析（宏观、微观环境因素分析；消费行为分析；竞争状况分析）。

（2）市场调研。

（3）目标市场营销战略（市场细分、选择目标市场、市场定位）。

（4）市场营销策略（产品、定价、分析、促销及其组合）。

三、市场营销的作用

市场营销的作用包括以下五个方面：

（1）解决生产与消费之间的矛盾，满足生活消费和生产消费的需要。市场营销在社会生产和社会需求之间的平衡方面发挥着重要作用。

（2）避免社会资源和企业资源的浪费。市场营销从消费者需求出发，安排生产，可以最大限度减少商品或服务无法实现交换的风险，避免社会资源和企业资源的浪费。

（3）实现商品或服务的价值和增值。商品或服务在没有交换之前，蕴含在其中的由企业创造和提供的附加价值不能被社会所承认。

（4）满足消费者需求，提高人们的生活水平和生存质量。市场营销活动的目标是通过各种手段最大限度地满足消费者需要，最终提高社会总体生活水平和人们的生存质量。

（5）市场营销的本质是企业在动态的环境、企业目标和企业内部条件三者之间寻求平衡的过程。这就是市场营销的动态平衡原理。

■ 第二节　市场营销的核心：影响力

一、互惠原理

互惠这条原理是说，要是人家给了我们什么好处，我们应当尽量回报。我们经常会看到超市里提供免费试吃后，很多人买下以前从未尝试的食物，或者连基本的商品询问都免去。

在客户邀请函中主动放一点小礼物，可能增加对方对自己品牌和个人的好感，增加到会率。

互惠原理能用作获取他人顺从的有效策略，有些要求如果没有亏欠感，本来是一定会遭到拒绝的，可是依靠互惠原理，就容易让别人点头答应。

二、承诺与一致原理

承诺与一致就是一种要与我们过去的言行保持一致的愿望深藏在我们的心中，一旦我们作出了某个决定，或确立了某个立场，就会面对来自个人和外部的压力，迫使我们相应地改变以前的一些行为，以证明此前的决策是正确的。

在生活中，这种例子数不胜数，如我们在向朋友介绍一个自己感觉不错的品牌之后，可能变得更加忠于这个品牌。

在我们的道德文化意识里，保持一致是一种最具适应性、最受尊重的行为。

前后不一通常被认为是一种不良的品行，但是，市场营销可以恰当利用这种心理，获得消费者的认可。

在水果摊前买橘子，老板笑容可掬地说"尝一下吧，没关系"，然后热情地递给你，你接过来尝了一下。老板问："怎么样，还可以吧？"面对犹如春风拂面的笑容，你可能出于礼貌回答："还可以。"接下来，你大概率会买几个橘子。

以上场景相信你也遇到过，回想一下促使交易成功的因素是什么？橘子很甜？

在这里发挥作用的，是人性中的一个奇怪现象，心理学中称之为承诺与一致性原则：礼貌性地回答"还可以"，让自己站在了一个认可橘子的立场之上，接下来的行为会尽可能地符合自己的立场，继而产生购买行为。

三、社会认同原理

社会认同原理指出，我们进行是非判断的标准之一就是看别人是怎么想的，尤其是我们要决定什么是正确的行为的时候，会把多数人都去做的事情看成是正确做法。

我们都知道，在一般情况下，根据大众的经验去做的确可以使我们少犯很多错误，这为我们决策提供了方便及捷径，所以，对于市场营销者来说，这提供了一个完成营销任务的契机。

在营销过程中，市场营销者需要想办法使消费者的社会认同感得到满足。

■ 第三节　市场营销的逻辑、技巧与应用

一、市场营销的逻辑

市场营销有三个基本逻辑：

1. 商业环境

营销首先需要思考当下的商业环境，不同的商业发展阶段有不同的营销模式，比如当下营销的一些关键词、社交电商、私域流量、转化率、数字化营销、新零售等都

是商业环境带来的产物；产品卖点、品牌价值、渠道动销是标配，从需求出发是营销的灵魂。

2. 精准营销

精准营销的核心是"有用"比"多"更好，差异化的产品价值、精准的渠道营销、有效的营销模式、需求出发，满足需求、创造价值，聚焦才能突破。

3. 整体营销

营销是一个体系，不是孤立的，打造营销系统，包含产品体系、品牌体系、渠道体系、市场体系、营销体系、管理体系、推广体系、传播体系，针对企业不同的发展阶段，重点打造有价值的商业化模块。

二、市场营销的技巧

市场营销的技巧有很多，常见的有八种：

1. 体验式营销

体验式营销是站在消费者的感官、情感、思考、行动和关联五个方面，重新定义、设计营销的思考方式。此种思考方式突破传统上"理性消费者"的假设，认为消费者消费时是理性与感性兼具的，消费者在整个消费过程中的体验，才是研究消费者行为与企业品牌经营的关键。

2. 一对一营销

一对一营销的核心思想是：以"顾客份额"为中心，与顾客互动对话以及"定制化"。它的实施是建立在定制的利润高于定制的成本的基础之上，这就要求企业的营销部门、研究与开发部门、制造部门、采购部门和财务部门之间通力合作。

3. 深度营销

深度营销是以企业和顾客之间的深度沟通、认同为目标，从关心人的显性需求转向关心人的隐性需求的一种新型的、互动的、更加人性化的营销新模式、新观念。

4. 网络营销

网络营销的本质是一种商业信息的运行，它主要是通过网络方法来实现营销设计和操作。

5. 整合营销

整合营销是一种对各种营销工具和手段的系统化结合，根据环境进行即时性的动态修正，以使交换双方在交互中实现价值增值的营销理念与方法。

6. 直销

直销指厂家直接销售商品和服务，直销者绕过传统批发商或零售通路，直接从顾客手中接收订单。

7. 数据库营销

数据库营销是为了实现接洽、交易和建立客户关系等目标而建立、维护和利用顾客数据库与其他顾客资料的过程。

8. 文化营销

文化营销的核心是理解人、尊重人、以人为本，调动人的积极性与创造性，关注人的社会性。

三、市场营销的应用

（一）市场营销学广泛应用于社会各领域

市场营销的观念和理论被引进生产领域，先是日用品公司，如小包装消费品公司，继而被引入耐用消费品公司，接着被引进工业设备公司，然后被引入重工业公司（诸如钢铁、化工公司）。其次，从生产领域引入服务业领域，先是被引入航空公司、银行，继而是保险、证券金融公司，后来又被专业团体，诸如律师、会计师、医生和建筑师所运用。

由于资本主义国家一切皆成为商品，连其社会领域及政治领域也商品化，因而市场营销原理与方法亦应用于这些领域，如将市场营销方法应用于大学、医院、博物馆及政府政策的推行等社会领域中；又如法国政府应用市场营销原则与方法了解公众对政府废除死刑及扩大欧洲共同体的看法，根据公众不同的政见进行市场细分，然后采用广告宣传去影响或改变公众对政府政策的反对态度；再如西方国家政党及政治候选人应用市场营销方法对选民进行市场细分，并进行广告宣传，争取选民投票支持。

与市场营销学应用范围的扩大相适应，市场营销学从基础市场营销学扩展为工业市场营销学、服务市场营销学、社会市场营销学、政治市场营销学及国际市场营销学。

（二）市场营销学在各国应用的发展

20世纪初，市场营销学首创于美国，随后广泛应用于各个领域。20世纪50年代，市场营销学开始传播到其他西方国家。日本于50年代初开始引进市场营销学，1953年日本东芝电气公司总经理石坂泰三赴美参观访问，回到日本的第一句话是："我们要全面学习市场营销学。" 1955 年日本生产力中心成立，1957 年日本营销协会成立，这两个组织对推动营销学的发展起到了积极作用。60 年代，日本经济进入快速发展时期，市场营销的原理和方法广泛应用于家用电器工业，市场营销观念被广泛接受。60 年代末 70 年代初，社会市场营销观念开始引起日本企业界的关注。从 70 年代后期起，随着日本经济的迅猛发展及国际市场的迅速扩大，日本企业开始从以国外各个市场为着眼点的经营战略向全球营销战略转变。

20 世纪 50 年代，市场营销学亦传播到法国，最初应用于英国在法国的食品分公司。60 年代开始应用于工业部门，继而扩展到社会服务部门。1969 年被引进法国国营铁路部门。70 年代初，市场营销学课程先后在法国各高等院校开设。

20 世纪 60 年代后，市场营销学被引入苏联及其他东欧国家。

中国则是自改革开放以后才开始引进市场营销学的。首先是通过对国外市场营销学书刊及国外西方学者讲课内容进行翻译介绍。其次，自 1978 年以来选派学者、专家、学生赴国外访问、学习，考察市场营销学开设课程状况及企业对市场营销原理的应用情况，还邀请外国专家和学者来国内讲学。1984 年 1 月，中国高校市场学会成立，继而各省先后成立了市场营销学会。这些营销学术团体对于推动市场营销学理论研究及在企业中的应用起了巨大的作用。如今，市场营销学已成为各高校的必修课，市场营销学原理与方法也已广泛地应用于各类企业。由于各地区、各部门之间生产力发展不平衡，产品市场趋势有别，加之各部门经济体制改革进度不一，各企业经营机制改革深度不同等，使市场营销学在各地区、各部门、各类企业的应用程度不尽相同。

参 考 文 献

[1] 王水莲，李志刚，杜莹莹．共享经济平台价值创造过程模型研究——以滴滴、爱彼迎和抖音为例 [J]．管理评论，2019，31（7）：45-55.

[2] 刘建刚，马德清，陈昌杰，等．基于扎根理论的"互联网+"商业模式创新路径研究——以滴滴出行为例 [J]．软科学，2016，30（7）：30-34.

[3] 王烽权，江积海．互联网短视频商业模式如何实现价值创造？——抖音和快手的双案例研究 [J]．外国经济与管理，2021，43（2）：3-19.

[4] 刘林青，雷昊，谭力文．从商品主导逻辑到服务主导逻辑——以苹果公司为例 [J]．中国工业经济，2010（9）：57-66.

[5] 樊雨青．社交电商平台用户行为研究 [D]．济南：山东师范大学，2019.